Klara Kirschbaum

Lapbooks im Sachunterricht

Praktische Hinweise und Gestaltungsvorlagen für Klappbücher zu zentralen Lehrplanthemen

1./2. Klasse

PERSEN

Die Autorin

Klara Kirschbaum studierte in Karlsruhe Lehramt für die Grundschule mit den Fächern Deutsch, Religion und Sachunterricht. Sie absolvierte das Referendariat an einer Grundschule in Köln und arbeitet seitdem in Hamburg.

Gedruckt auf umweltbewusst gefertigtem, chlorfrei gebleichtem und alterungsbeständigem Papier.

1. Auflage 2017

Grafik: Rebecca Meyer sowie
Mele Brink (Birne S. 31), Julia Flasche (Arbeitspiktogramme, Computer S. 8, 21, 29, 39, 53, Brot 39, 40, Apfel 39, 40, Eier S. 42), Barbara Gerth (Salat S. 31, Regenwurm S. 31, Käse S. 31, Ei S. 31, Laub S. 31, Blätter S. 33, Käse 39, 40, Chips S. 42, Schokolade S. 42, 44, Pommes frites S. 42, Pizza S. 42, Apfel S. 42, Brot S. 42, 43, Obst S. 42, 43, Kuchen S. 42, Gemüse S. 42, 43), Robert Gunkel/Christa Claessen (Uhu S. 34, Fisch S. 42), Alexandra Hanneforth (Wurst S. 39, 40, 42), Ingrid Hecht (Lolli S. 39, 40, 42), Roman Lechner (Auto S. 34), Katharina Reichert-Scarborough, (Fleisch S. 42, 44), Tanja Schnagl/Robert Plötz (Fuchs S. 34), Wolfgang Slawski (Eistee S. 12, Wasser S. 39, 40, 42, Fruchtschorle S. 42, 43, Eis S. 42, Milch S. 44), Jennifer Sprey (Karotte S. 39, 40), Oliver Wetterauer (Einkaufskorb S. 41, 42)
Fotos: S. 36: © Photo-SD / fotolia.com (Straße), Jörg Hempel, Wikimedia Commons, CC BY-SA 2.0 de (Lebensraum), © Lena Lir / fotolia.com (eingerollt), Soja31 / pixelio.de (Jungtier mit Stacheln), Alexandra Menke / pixelio.de (fressend), © o1l1e1g1 / fotolia.com (Familie)
Satz: Satzpunkt Ursula Ewert GmbH, Bayreuth

ISBN: 978-3-403-20063-5

www.persen.de

Was sind Lapbooks?

Ein Lapbook ist ein Klappbuch, eine kleine Mappe, die sich mehrfach ausklappen lässt und von den Kindern individuell gestaltet und ausgestattet werden kann. So passen zum Beispiel kleine Taschen, Faltbücher, Klapphefte, Drehscheiben, Leporellos, Bilder u. v. m. hinein. Durch das Gestalten ihres Klappbuchs können die Schüler* ihre Lernergebnisse durch Basteln, Schreiben und Ausarbeiten festhalten. Dies geschieht auf eine motivierende, kreative Weise und alle erzielen dabei ein eigenes Ergebnis. Jedes Lapbook ist individuell, keines sieht aus wie das andere. Die Kinder entscheiden selbstständig, wie sie mit erarbeiteten Informationen umgehen, und bringen dabei unterschiedliche Aspekte schriftlich und gestalterisch in ihr Buch ein.

Einsatz von Lapbooks im Unterricht

Lapbooks können in nahezu allen Fächern eingesetzt werden. Zusätzlich zum Sachunterricht bieten sie sich zum Beispiel zu Themen des Deutsch- (Lektüre, Bilderbuch, Gedichte …), Mathematik- (Addition, Subtraktion, Wahrscheinlichkeit …), Kunst- (Künstler, Themen, Epochen ...) und Religionsunterrichts (biblische Geschichten, Kirchenkreis …) an.

Zielsetzung

Die Kinder

- setzen sich intensiv mit dem Thema auseinander,
- verschaffen sich selbstständig Informationen,
- arbeiten individuell,
- arbeiten in Einzel-, Partner- oder Gruppenarbeit zusammen,
- dokumentieren und präsentieren ihre Ergebnisse,
- lernen und wiederholen die Inhalte.

* Wir sprechen hier wegen der besseren Lesbarkeit von Schülern bzw. Lehrern in der verallgemeinernden Form. Selbstverständlich sind auch alle Schülerinnen und Lehrerinnen gemeint.

Material

Bedingung für die Arbeit mit Lapbooks ist eine Vielfalt an Materialien. Ausgelegt werden sollten:

- Tonpapier, Tonkarton und farbiges Papier
- Lapbook-Vorlagen (mehrfach kopiert)
- kopierte Informationen zu den Themen
- Musterklammern
- Klebestifte
- Stifte
- Scheren

Zur vertiefenden Themenrecherche sind außerdem ein PC mit Internetzugang sowie Lexika, Sachbücher, Zeitschriften, ausgedruckte Fotos etc. sinnvoll.

Vorgehen

Je nachdem, ob und wie Sie das vorliegende Material nutzen und erweitern möchten, sollte für jedes Kind am besten ein DIN-A3-Bogen Pappe oder festeres Papier zur Verfügung stehen. Das DIN-A4-Format ist auch möglich, doch dann fallen die Lapbooks recht klein aus und die Kopiervorlagen müssen angepasst werden. Die Seiten des in Querformat gelegten Pappbogens werden zur Mitte hin umgeklappt, sodass ein aufklappbares Buch entsteht. Nach oben und unten kann diese Grundform durch weitere klappbare Elemente erweitert werden.

In dieses Buch hinein basteln und gestalten die Kinder nun mit verschiedenen Elementen zum jeweiligen Thema. Das Deckblatt können sie frei gestalten oder Sie stellen den Kindern eine Vorlage zur Verfügung.

Differenzierung

Lapbooks bieten eine gute Möglichkeit zur Differenzierung, da jedes Kind sein Lapbook eigenständig und nach eigenen Vorstellungen, Fähigkeiten und Fertigkeiten gestaltet; auch die konkreten Inhalte kann es selbst bestimmen. Weiterhin gibt es sowohl einfache Vorlagen, die im Grunde nur ausgeschnitten werden müssen,

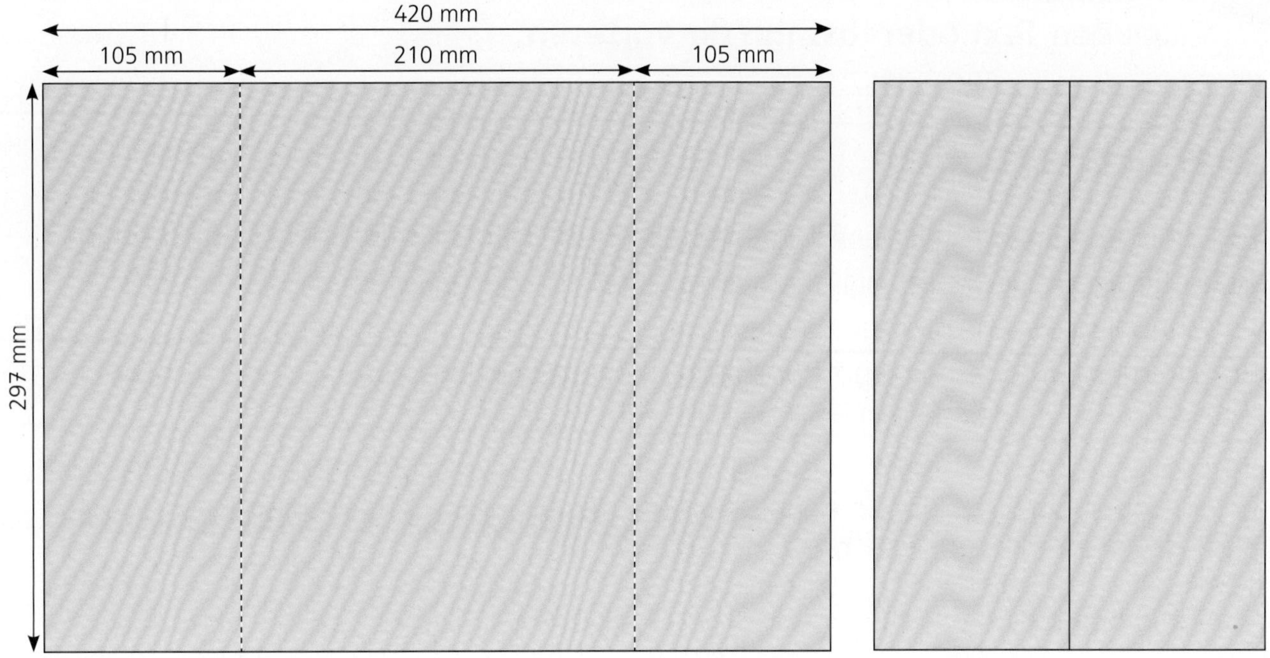

als auch solche, die mit relativ viel Inhalt gefüllt werden können. Des Weiteren bieten sich Lapbooks für Partner- oder Gruppenarbeiten an und sind somit besonders für inklusiv arbeitende Klassen geeignet.

Kinder haben Freude daran, ihre fertigen Lapbooks der Klasse zu präsentieren, und sie wiederholen dadurch ganz nebenbei die Lerninhalte. Jedes Lapbook sieht anders aus und zeigt somit ein individuelles Lernergebnis, was die Präsentation und Besprechung mit der Klasse besonders abwechslungsreich und spannend macht.

Bewertung

Die Kinder erarbeiten sich die Inhalte des Themas selbstständig. Parallel zum Unterrichtsverlauf bietet es sich an, eine Tabelle anzulegen, die als eine Art Bewertungsraster verwendet werden kann. Ein Beispiel finden Sie auf Seite 65. Die fertigen Klappbücher können nach den Präsentationen eingesammelt und von der Lehrkraft als Portfolio der Arbeit genutzt werden.

Klassenstufen

In jüngeren Jahrgängen bietet sich eine behutsame Heranführung an die Arbeit mit Lapbooks an. Zu Beginn jeder Stunde können die Kinder mithilfe ihres Lapbooks die erarbeiteten Inhalte wiederholen. Eventuell kann in jeder Stunde eine kleine Anzahl an Lapbook-Elementen bereitgestellt werden. Dann werden die Aufgaben Schritt für Schritt erweitert – und somit entwickelt sich das Klappbuch im Laufe einer Unterrichtseinheit.

Zudem sollten in den Klassen 1 und 2 noch stärkere Vorgaben gemacht und konkrete Aufgabenstellungen formuliert werden; auch die (Sach-)Informationen werden von der Lehrkraft vorgegeben. Je mehr die Kinder mit der Methode Lapbook vertraut sind, desto freier können sie sich ein Thema erarbeiten, bis sie irgendwann nur noch Blankovorlagen erhalten und sich das Thema ganz eigenständig erarbeiten.

Grundsätzlich richtet sich die Vorgehensweise in höheren Klassen danach, über welche Erfahrungen die Kinder verfügen und ob sie sich selbstständig Informationen besorgen können (mithilfe von Büchern oder dem Internet).

Informiere dich.
Lies den Text oder lass ihn dir vorlesen.

Die Jahreszeiten

Ein Jahr hat vier verschiedene Jahreszeiten: Frühling, Sommer, Herbst und Winter. Jede Jahreszeit ist anders als die anderen und hat ganz bestimmte Merkmale. Im Frühling werden die Tage wieder länger und die Blumen blühen. Im Sommer wird es sehr warm und viele Früchte werden reif. Im Herbst kann es stürmisch sein. Die Bäume lassen ihre Blätter fallen. Im Winter schneit es und es wird früh dunkel. Einige Tiere halten jetzt Winterschlaf. Es gibt aber auch Länder, in denen es diese vier Abschnitte nicht gibt. Zum Beispiel gibt es in den Tropen nur die Regenzeit und die Trockenzeit.

Der Frühling

Frühling sind die Monate März, April und Mai. Der Frühling beginnt bei uns auf der Nordhalbkugel am 20. oder 21. März. Die Tage werden länger und es wird immer wärmer. Die Pflanzen beginnen zu wachsen und sie fangen an zu blühen. Das Schneeglöckchen gehört zu den ersten Pflanzen. Selbst wenn noch Schnee liegt, schiebt es seine Blätter und die Blüte an die Oberfläche. Schneeglöckchen sind ein sicheres Zeichen dafür, dass der Frühling kommt. So richtig Frühling ist es, wenn die Apfelbäume blühen. Aber auch an den Tieren kann man den Frühling erkennen: Vögel zwitschern am Morgen und bauen Nester, Insekten schwirren durch die Luft.

Informiere dich.
Lies den Text oder lass ihn dir vorlesen.

Der Sommer

Sommer sind die Monate Juni, Juli, August.
Er beginnt bei uns auf der Nordhalbkugel am 21. Juni.
Der Sommer ist die wärmste Jahreszeit.
Es kann über 30 Grad Celsius heiß werden.
In den Schulen gibt es Ferien.
Es herrscht ein „Summen und Brummen" der Insekten, da sie von Blüte zu Blüte fliegen, um den Nektar darin zu sammeln.
Viele Tiere ziehen jetzt ihren Nachwuchs groß.
Der Sommer ist die Zeit, in der viele Früchte reif werden, zum Beispiel Stachelbeeren, Himbeeren oder Brombeeren.
Auf den Feldern wird das Getreide gemäht.
Auch im Spätsommer, wenn die Tage wieder etwas kühler und kürzer werden, können viele Obst- und Gemüsesorten geerntet werden, zum Beispiel Birnen, Äpfel, Bohnen, Erbsen und Tomaten.

Der Herbst

Herbst sind die Monate September, Oktober, November.
Er beginnt bei uns auf der Nordhalbkugel entweder am 22. oder am 23. September.
Ein Zeichen dafür, dass der Herbst anfängt, sind die reifen Holunderbeeren und Zwetschgen. Später werden Rosskastanien, Haselnüsse und Walnüsse reif und fallen vom Baum.
Die Weinlese beginnt und Kartoffeln werden geerntet.
Besonders auffällig ist im Herbst, dass die Blätter an den Bäumen bunt werden.
Wenn es Ende Oktober deutlich kälter wird, fallen die bunten Blätter zu Boden und die Bäume werden kahl.
Jetzt wird es schon sehr früh dunkel.
Einige Vogelarten fliegen in den Süden, um der Kälte zu entkommen.

Informiere dich.
Lies den Text oder lass ihn dir vorlesen.

Der Winter

Winter sind die Monate Dezember, Januar und Februar.
Der Winter beginnt bei uns auf der Nordhalbkugel am 21. oder 22. Dezember.
Die Sonnenstrahlen fallen nur schräg auf die Erde, darum ist es im Winter kalt.
Die Temperaturen können weit unter 0 Grad Celsius sinken, dadurch gefriert das Wasser in Pfützen, Seen und Bächen zu Eis. Statt Regen fällt Schnee.
Einige Tiere, wie die Igel, halten Winterschlaf oder fallen in eine Winterstarre, zum Beispiel Frösche.
Auch für die Menschen ist der Winter eine besondere Jahreszeit.
Man muss sich um die Heizung kümmern und Essensvorräte anlegen, falls man wegen des Wetters nicht aus dem Haus kann.
Mit Weihnachten und Silvester gibt es im Winter zwei besondere Feste. Für manche Menschen ist der Winter eine besonders schöne Jahreszeit, da sie ihren geliebten Wintersport betreiben können.

Hier kannst du noch mehr über die Jahreszeiten erfahren:

- **http://klexikon.zum.de/wiki**
- **www.blinde-kuh.de**
- **www.fragfinn.de**

Schneide die Bäume und die Textkarten aus.

Klebe die Bäume auf dein Lapbook und die Textkarten an den richtigen Baum.

Frühling	**Sommer**	**Herbst**	**Winter**

Schreibe die passende Jahreszeit in die Textkarten unten.

Schneide die Textkarten und die Vorlage für die Klappkarte aus.
Falte die Klappkarte und schneide sie an den drei Linien ein.

Klebe die Textkarten an die passende Stelle.
Natürlich kannst du deine Klappkarte noch weiter gestalten!

den Frühling, den Sommer, den Herbst und den Winter.		Es war eine Mutter, die hatte vier Kinder … Deckblatt

Der ________________ bringt Blumen,	der ________________ den Klee,
der ________________, der bringt Trauben,	der ________________ den Schnee.

Trage das Datum für den Frühlings-, Sommer-, Herbst- und Winteranfang ein.
Schreibe die fehlenden Monate in den Kalender.

Schneide die drei Vorlagen aus.

Klebe die kleine Scheibe auf die Scheibe mit der Überschrift.
Jetzt kannst du alle Scheiben mit einer Musterklammer verbinden.
Natürlich kannst du den Kalender noch weiter gestalten!

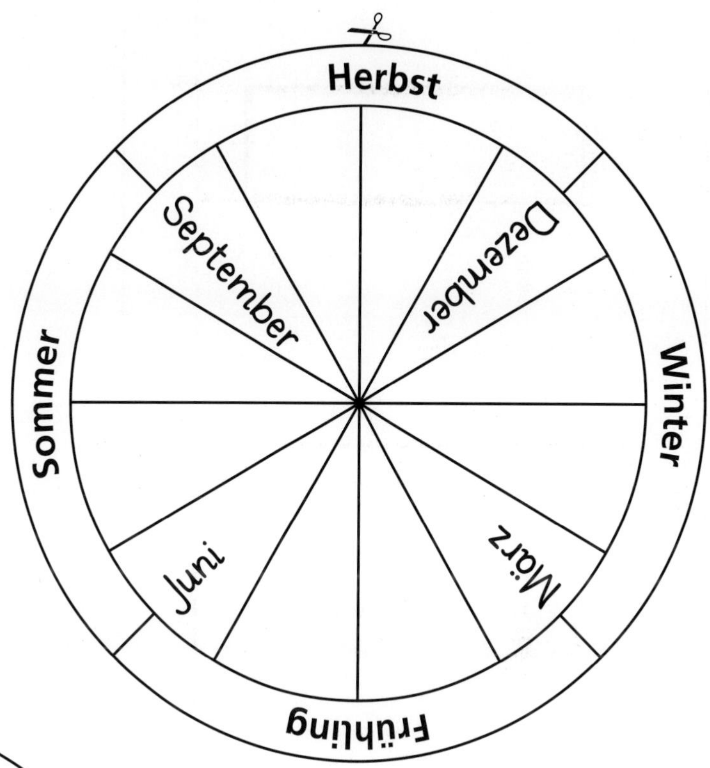

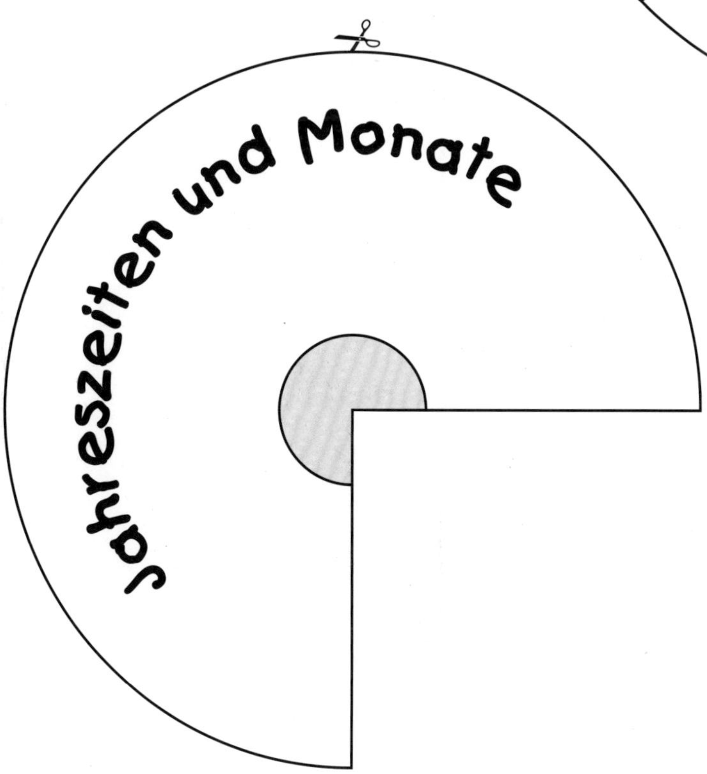

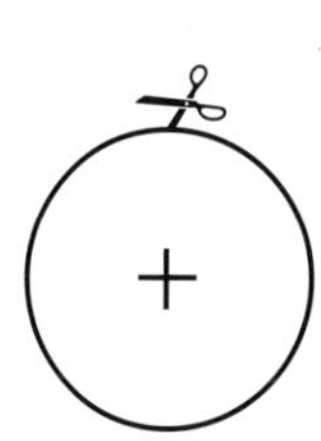

Schneide die Vorlagen für die Taschen aus.

Falte und klebe die Taschen zusammen.

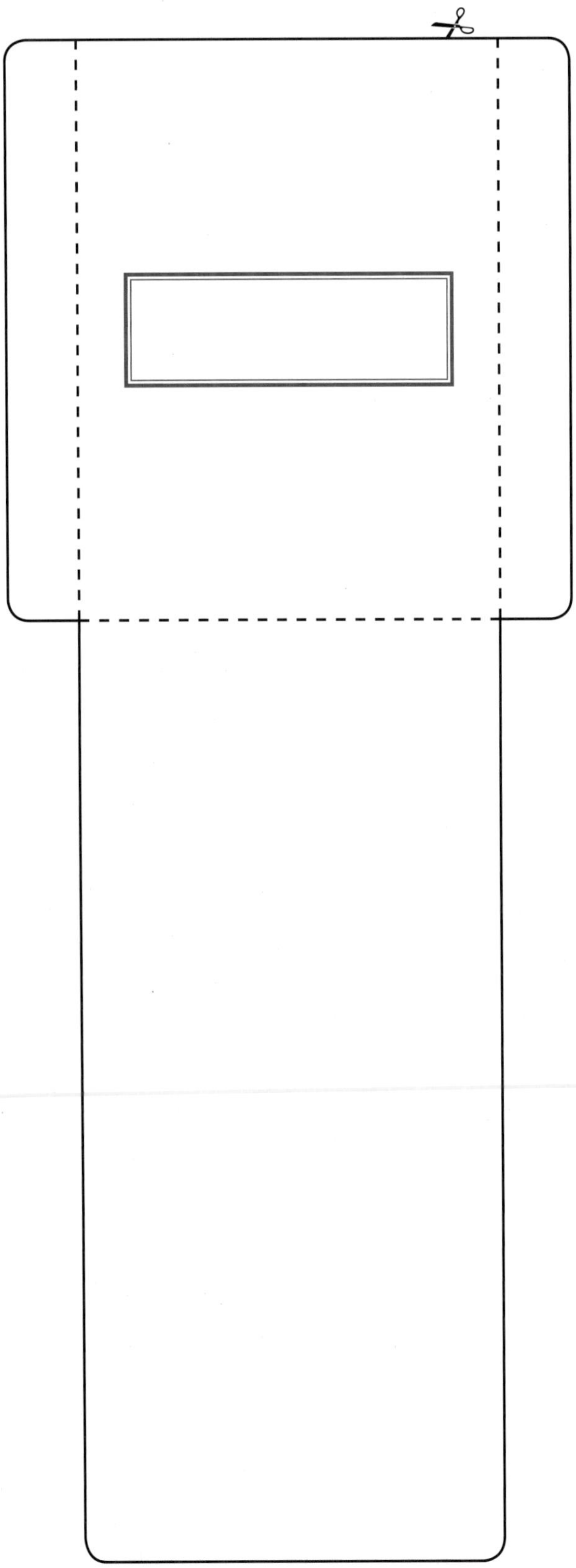

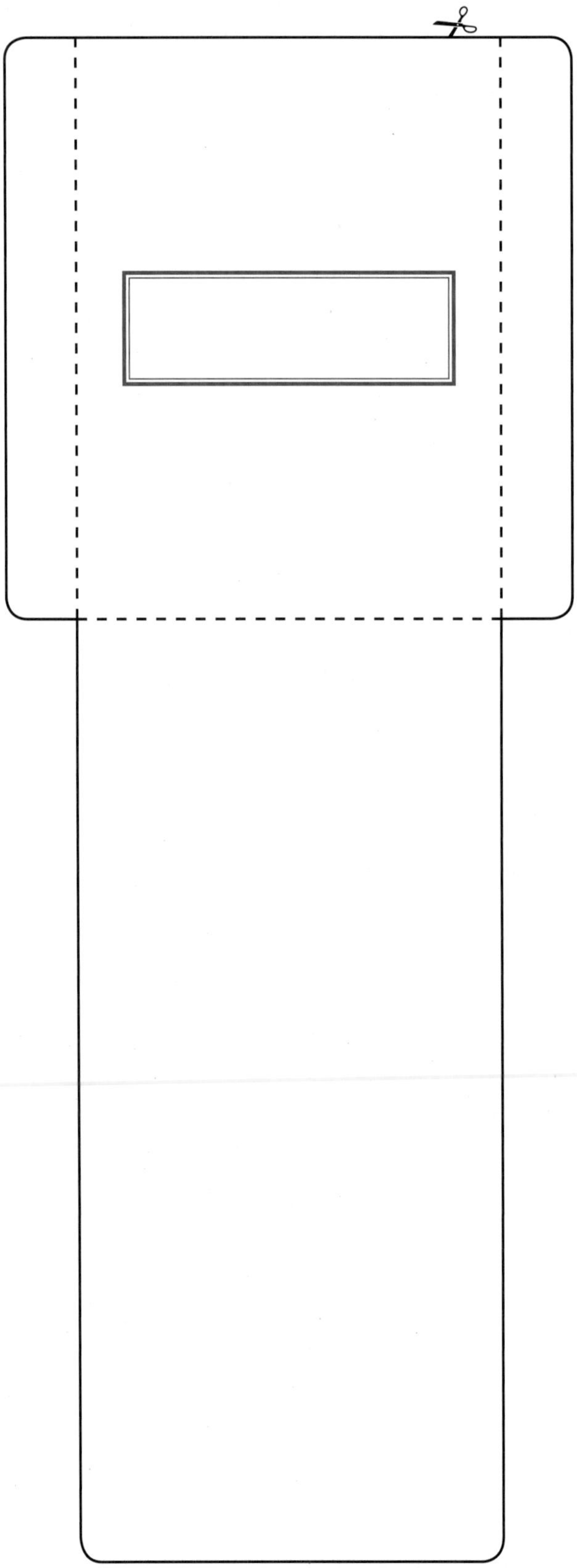

Schneide die Textkarten und die Bilder aus.
Sortiere sie in die richtige Tasche.

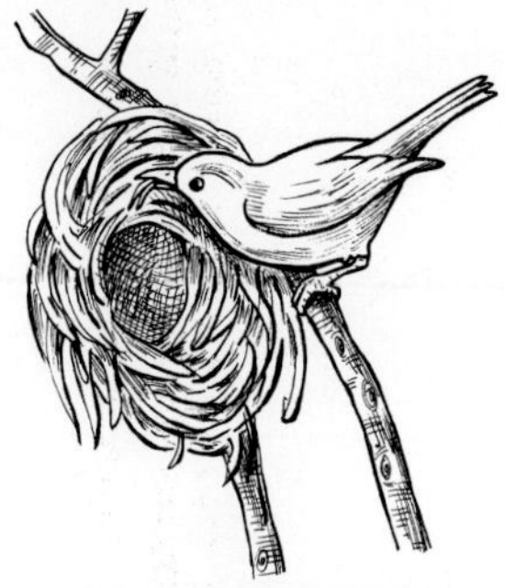

Frühling	**Sommer**	**Herbst**	**Winter**

Das mag ich am …

Schneide die Vorlage und die Textkarten aus.

Dann kannst du zeichnen oder schreiben.

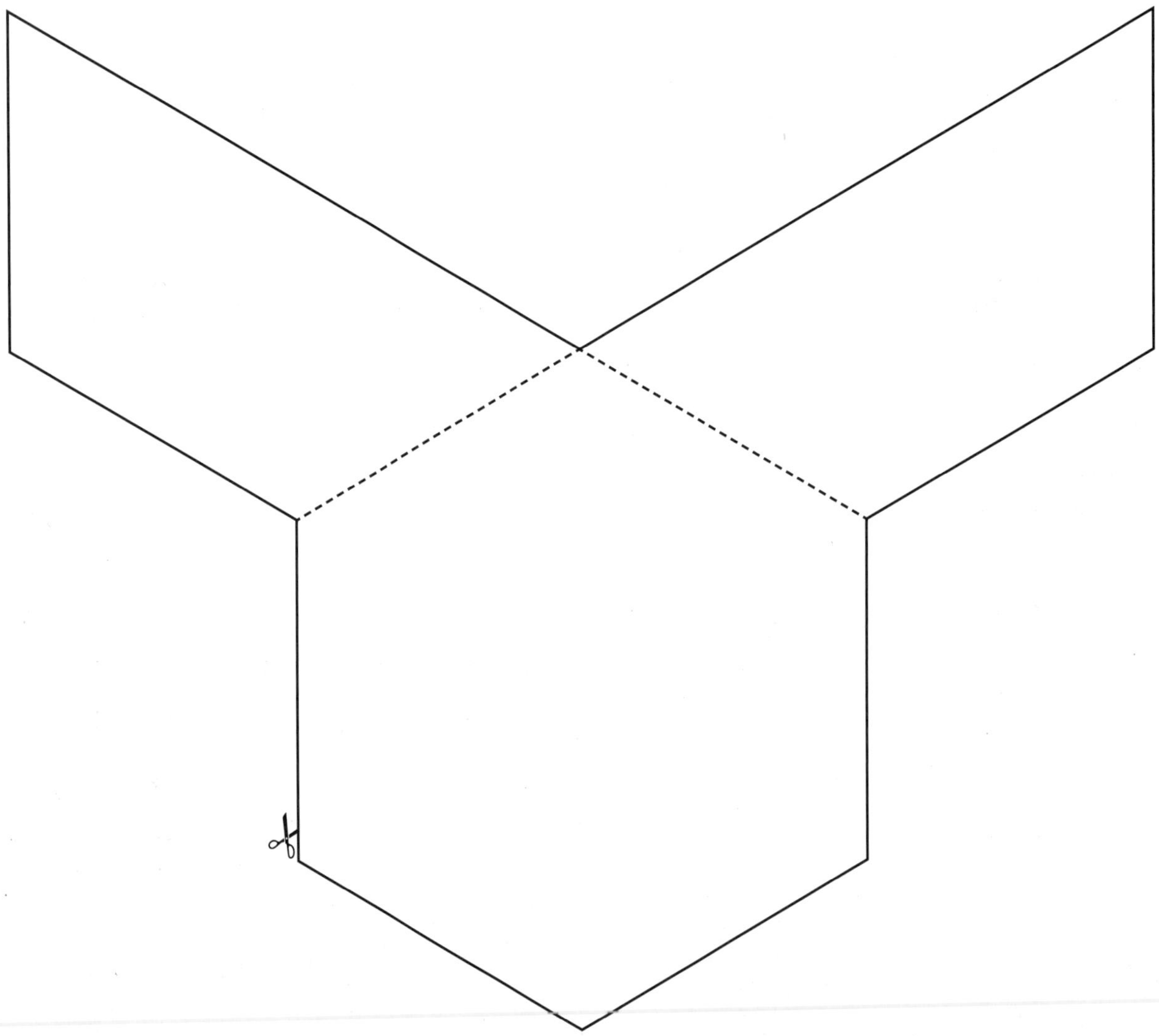

Das mag ich am …	**Das mach ich im …**		
Frühling	**Sommer**	**Herbst**	**Winter**

Schneide die Vorlage für die Blüte aus.

Schreibe in die Blüte, was du dir merken willst.
Du kannst dir auch mehrere Blüten nehmen.

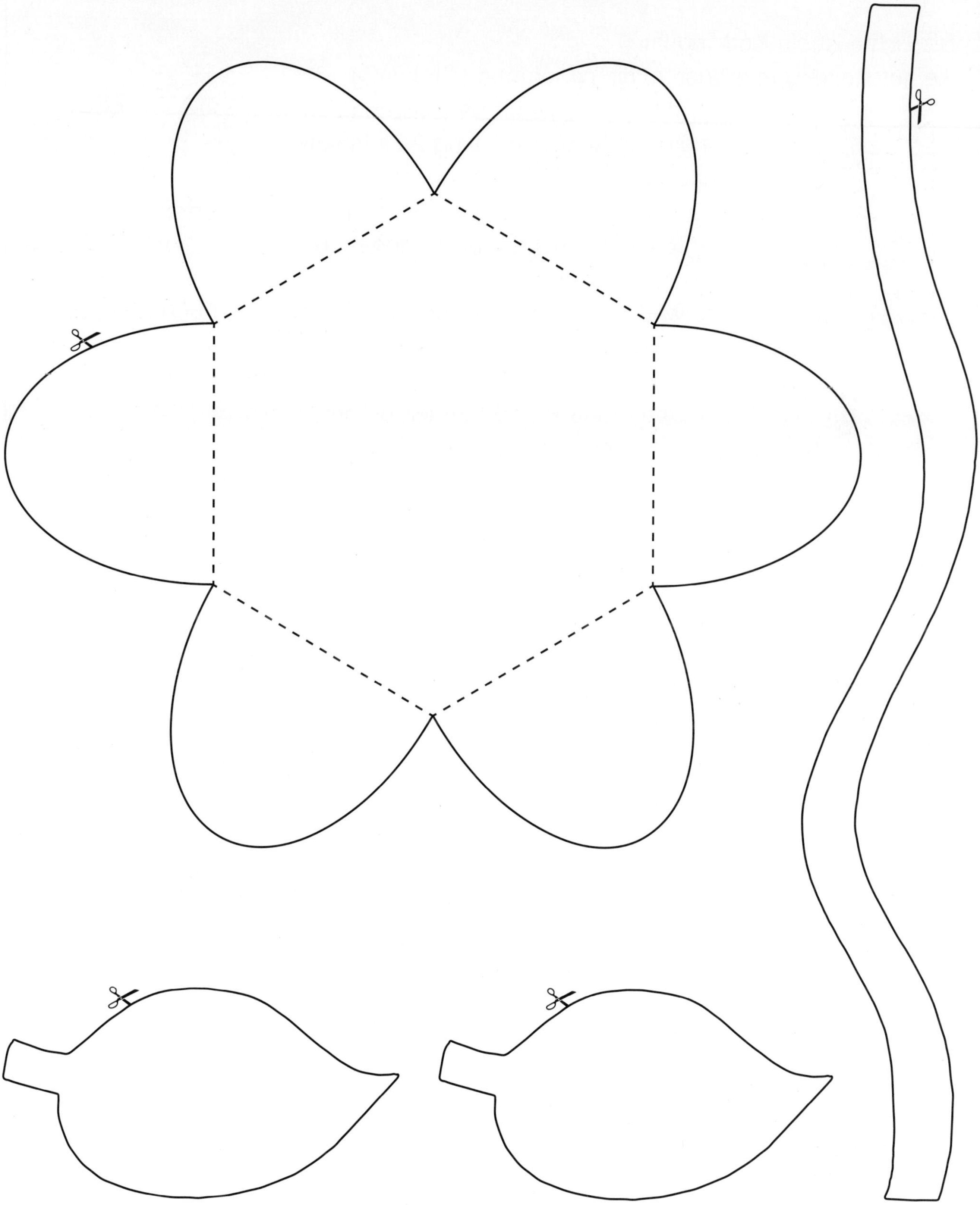

Informiere dich.
Lies den Text oder lass ihn dir vorlesen.

Fichte

Die Fichte ist ein Nadelbaum.
Sie hat steife, grüne Nadeln, die piksen und sich kantig

anfühlen, wenn man sie zwischen den Fingern rollt. Sie sind 1 bis 2 Zentimeter lang. Die Nadeln bleiben das ganze Jahr grün und werden auch im Herbst nicht abgeworfen.
Sie fallen erst nach 5 bis 8 Jahren ab.
Die Fichte hat eine rotbraune Rinde mit kleinen Schuppen.
Sie wird bis zu 60 Meter hoch und kann bis zu 600 Jahre alt werden.
Die Früchte der Fichte heißen Fichtenzapfen.
Sie sind länglich und hängen an den Zweigen.
Nachdem die Samen darin reif geworden sind, fallen die Zapfen als Ganzes auf den Waldboden.
Die Fichte gehört zu unseren wichtigsten Waldbäumen.
Es gibt sie im Hügelland, aber auch in hohen Bergregionen.

Waldkiefer

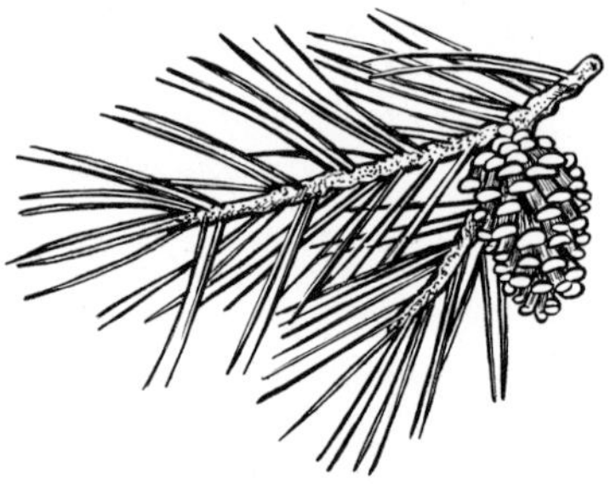

Die Waldkiefer wird auch Föhre genannt.
Sie ist ein Nadelbaum. Ihre langen, spitzen Nadeln können bis zu 8 Zentimeter lang werden. Sie wachsen immer zu zweit und bleiben das ganze Jahr grün.
Auch im Herbst werden sie nicht

abgeworfen.
Die Farbe der Rinde ist verschieden.
Manchmal ist sie graugelb, manchmal braunrot.
Bei älteren Bäumen hat die Rinde grobe Schuppen.
Der Baum wird etwa 40 Meter hoch und kann 600 Jahre alt werden.
Die Früchte der Kiefer heißen Kiefernzapfen. Sie sind eiförmig und hängen an den Zweigen. Wenn die Samen darin reif geworden sind, fallen die Zapfen als Ganzes ab.
Die Waldkiefer kommt häufig vor, auch auf sandigem und trockenem Boden kann sie wachsen.
Es gibt mehr als 100 verschiedene Kiefernarten.

Informiere dich.
Lies den Text oder lass ihn dir vorlesen.

Rotbuche

Die Buche ist ein Laubbaum. Sie kann 40 Meter hoch und bis zu 300 Jahre alt werden.
Ihr Stamm hat eine glatte Rinde, die silbergrau ist.

Die Blätter der Buche sind oval und am Rand leicht gewellt.
Sie sind zwischen 5 und 10 Zentimeter lang und 3 bis 7 Zentimeter breit. Im Herbst verfärben sich die Blätter und werden abgeworfen.
Die Früchte der Buche heißen Bucheckern. Sie haben eine stachelige Hülle, in der sich 2 Nüsse befinden. Diese Nüsse sind dreikantig und haben eine braune Schale. Sie sind bei Mäusen, Eichhörnchen und anderen Waldtieren ein beliebtes Futter.
Die Buche ist der häufigste Laubbaum im Wald.

Stieleiche

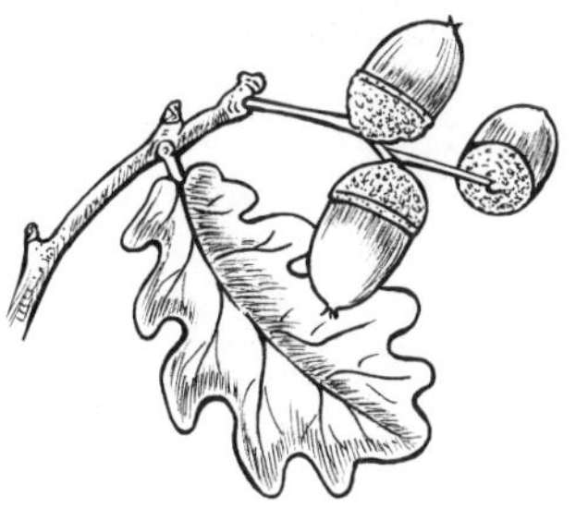

Die Stieleiche ist ein Laubbaum, der bis zu 40 Meter hoch wird. Eichen können sehr alt werden: 500 bis 800 Jahre. Manche sollen sogar über 1000 Jahre alt sein.
Bei jungen Bäumen ist der Stamm glatt und graugrün.
Bei alten Bäumen hat er tiefe Furchen und ist graubraun.

Die Blätter der Eiche sehen aus, als hätten sie an ihren Rändern Lappen. Man sagt auch: Sie haben Buchten. Die Blätter sind 7 bis 15 Zentimeter lang und kräftig grün. Im Herbst werden sie gelb und braun und fallen dann vom Baum.
Die Früchte der Eiche heißen Eicheln. Die eiförmigen Nüsse schauen aus einem flachen Becher heraus.
Sie werden von Wildschweinen, Eichhörnchen, Eichelhähern und anderen Waldtieren gerne gefressen.
Es gibt mehrere hundert verschiedene Eichenarten.

Informiere dich.
Lies den Text oder lass ihn dir vorlesen.

Eichörnchen

Das Eichhörnchen gehört zu den Nagetieren. Es frisst vor allem Samen, Nüsse, Knospen, Beeren und Früchte. Mit seinen Nagezähnen kann es die harte Schale einer Nuss öffnen. Eigentlich ist das Eichhörnchen aber ein Allesfresser. Denn es frisst auch Würmer, Schnecken, Insekten, Eier und junge Vögel. Für den Winter legt es Vorräte an.

Eichhörnchen sind sehr gute Kletterer und sie können weit springen. Dabei hilft ihnen der buschige Schwanz, der länger ist als der Körper. Das Fell des Eichhörnchens ist kurz und kann von Hellrot bis Braunschwarz reichen. Der Bauch ist aber weiß.

Im Winter hält das Eichhörnchen Winterruhe. Es ist dann nur wenige Stunden am Tag aktiv, um zu fressen. Die übrige Zeit verbringt es in seinem Kobel – so heißt das Nest eines Eichhörnchens.

Rotfuchs

Der Fuchs ist mit den Hunden verwandt. Er lebt im Wald, aber auch in Wiesen, Äckern und Parks ist er verbreitet. Sogar in Städten kommt er vor.

Sein Körper ist etwa 60 bis 75 Zentimeter lang. Dazu kommt noch der 30 bis 40 Zentimeter lange, buschige Schwanz. Die Schulterhöhe beträgt etwa 40 Zentimeter.

Das Fell ist auf der Oberseite rötlich. Der untere Teil des Kopfes, die Brust und der Bauch sind weiß. Der untere Teil der Beine ist schwarz. Die Farbe des Fells und die Zeichnung können aber sehr unterschiedlich sein.

Der Fuchs ist ein Allesfresser: Er frisst Mäuse, Regenwürmer, Haushühner, Rehe, Früchte, Küchenabfälle … Meist geht er in der Dämmerung und in der Nacht auf Jagd.

Der Fuchs lebt oft in einem Erdbau, der aus mehreren Röhren und einem Kessel besteht. Manchmal zieht er sich aber auch in einen Schuppen oder Holzstapel zurück.

Informiere dich.
Lies den Text oder lass ihn dir vorlesen.

Reh

Das Reh ist die kleinste Hirschart in Europa. Es lebt vor allem an Waldrändern und Lichtungen, aber auch auf Feldern und in Parks ist es manchmal zu beobachten. Seine Körperlänge beträgt etwa 90 bis 100 Zentimeter, die Schulterhöhe etwa 80 Zentimeter.

Ein männliches Reh wird „Bock" genannt, das Weibchen ist die „Ricke" und ein junges Reh heißt „Kitz".

Das Fell ist im Sommer rotbraun und im Winter graubraun oder grau. Auffällig ist der „Spiegel". Das ist ein großer weißer Fleck auf dem Hinterteil. Auf dem Fell der Kitze sind anfangs weiße Flecken zu sehen.

Der Rehbock hat ein kleines Geweih mit 2 Stangen und 3 Enden, das er jedes Jahr im Herbst abwirft.

Das Reh frisst Gräser, Kräuter, Knospen und Blätter, die es (wie eine Kuh) wiederkäut.

Bei der Futtersuche und auf der Flucht können Rehe sehr gut durchs Dickicht schlüpfen.

Wildschwein

Das Wildschwein ist sehr weit verbreitet. Besonders gern mag es Laub- und Mischwälder, in denen es feuchte Stellen gibt. Es wälzt sich nämlich gern im Schlamm.

Das Wildschwein ist ein sehr kräftiges Tier. Es wird bis zu 180 Zentimeter lang und 150 bis 200 Kilogramm schwer. Es gibt aber noch viel schwerere Tiere!

Das männliche Wildschwein heißt „Keiler", das weibliche „Bache". Jungtiere sind „Frischlinge".

Im Winter hat es ein dunkelgraues oder braunschwarzes Fell. Im Sommer ist es heller und eher braun. Es gibt hierbei große Unterschiede. Das Fell des Frischlings hat einige helle Längsstreifen. Der Kopf eines Wildschweins ist ziemlich groß. Seine Nase hat die Form eines Rüssels. Außerdem hat es ein sehr kräftiges Gebiss. Beim Keiler sind die Eckzähne zu sehen („Hauer").

Wildschweine fressen fast alles: Wurzeln, Insekten, Schnecken, Mäuse, Frösche, Kräuter, Bucheckern, Eicheln, Mais und andere Feldfrüchte.

Die Nahrung graben sie mit dem Rüssel und mit den Eckzähnen aus.

Informiere dich.
Lies den Text oder lass ihn dir vorlesen.

Buntspecht

Der Buntspecht ist ein Vogel. Er lebt in Laub- und Nadelwäldern, in Feldgehölzen, Parks und Gärten. Im Winter lässt er sich auch manchmal beim Futterhäuschen blicken.
Der Buntspecht ist etwa so groß wie eine Amsel (23 Zentimeter) und lässt sich leicht erkennen. Sein schwarz-weiß-rotes Gefieder ist ziemlich auffällig. Er hat einen schwarzen Rücken mit weißen Schulterflecken. Unter dem Schwanz ist er leuchtend rot, sein Bauch ist gelblich-grau. Sein Kopf ist schwarz, die Wangen sind weiß.
Das Männchen hat außerdem einen roten Nackenfleck.
Oft kann man den Buntspecht auch hören.
Sein „Trommelwirbel" von 10 bis 16 Schlägen ist kaum zu verwechseln.
Der Buntspecht frisst Insekten, Raupen, Larven und Spinnen, die er im Holz und außerhalb findet. Auch Beeren, Samen und Nüsse werden gefressen.
Im April bis Mai legt das Weibchen 5 bis 7 Eier in die Nisthöhle.
Nach einer Brutzeit von 10 bis 12 Tagen schlüpfen die Jungen.

Rote Waldameise

Manchmal sieht man an einem sonnigen Waldrand einen großen Ameisenhaufen, der bis zu 2 Meter hoch sein kann. Das ist das Nest von Waldameisen, wie zum Beispiel der Roten Waldameise. Meistens wird es mit kleinen Ästen, Bodenkrümeln und Fichtennadeln an einem morschen Baumstumpf gebaut. Um das Nest herum gibt es viele Ameisenstraßen, die mit Duftstoffen markiert werden.
Die Rote Waldameise ist nur zum Teil rot. Ein Teil des Kopfes, der Hinterleib und die Beine sind schwarzbraun. Eine Arbeiterin wird 5 bis 7 Millimeter groß, eine Königin 9 bis 11 Millimeter.
Waldameisen ernähren sich zum Beispiel von Insekten, Larven, Raupen und Spinnen. Sie haben kräftige Mundwerkzeuge, mit denen sie zubeißen.
Außerdem bespritzen sie ihre Beute mit Ameisensäure.
Da Ameisen oft in Gruppen jagen und sehr kräftig sind, erbeuten sie auch Tiere, die größer sind als sie.
Eine andere wichtige Nahrung ist der Honigtau.
Das ist eine Flüssigkeit, die von Läusen abgesondert wird.
Dazu werden sie von den Ameisen regelrecht gemolken.

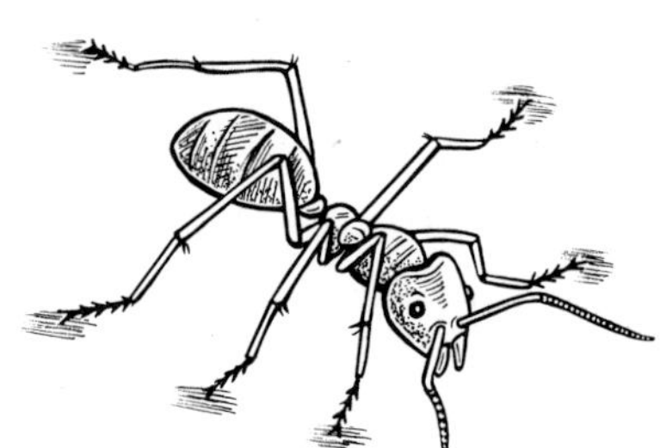

Informiere dich.
Lies den Text oder lass ihn dir vorlesen.

Pilze

Pilze sind keine Tiere und keine Pflanzen. Sie haben keine Wurzeln, Früchte oder Samen. Sie bilden ein eigenes Reich – das Pilzreich. Pilze vermehren sich durch Sporen. Das sind winzige Körnchen, die in einem Fruchtkörper entstehen.
Dieser Fruchtkörper ist das, was wir bei größeren Pilzen oberhalb des Bodens sehen. Doch das ist nur ein kleiner Teil des Pilzes. Der eigentliche Pilz wächst im Boden und besteht aus einem Geflecht aus sehr dünnen Fäden. Pilze zersetzen totes Material von Pflanzen und Tieren.
Außerdem tauschen sie mit anderen Lebewesen Nährstoffe aus. So sind sie zum Beispiel für das Wachstum von Bäumen sehr wichtig. Manche Pilze sind jedoch für Pflanzen, Tiere und auch Menschen schädlich.

Fliegenpilz

Birkenpilz

Pfifferling

Hier kannst du noch mehr über den Wald und seine Bewohner erfahren:

- **http://klexikon.zum.de/wiki**
- **www.blinde-kuh.de**
- **www.fragfinn.de/kinderliste.html**
- **www.helles-koepfchen.de**
- **www.naturdetektive.de**

Schneide die Vorlage aus.

Suche dir einen Baum aus und schreibe auf, was du über ihn herausgefunden hast.

Buche
Eiche

Schneide die Vorlage aus.

Suche dir einen Baum aus und schreibe auf, was du über ihn herausgefunden hast.

Fichte
Kiefer

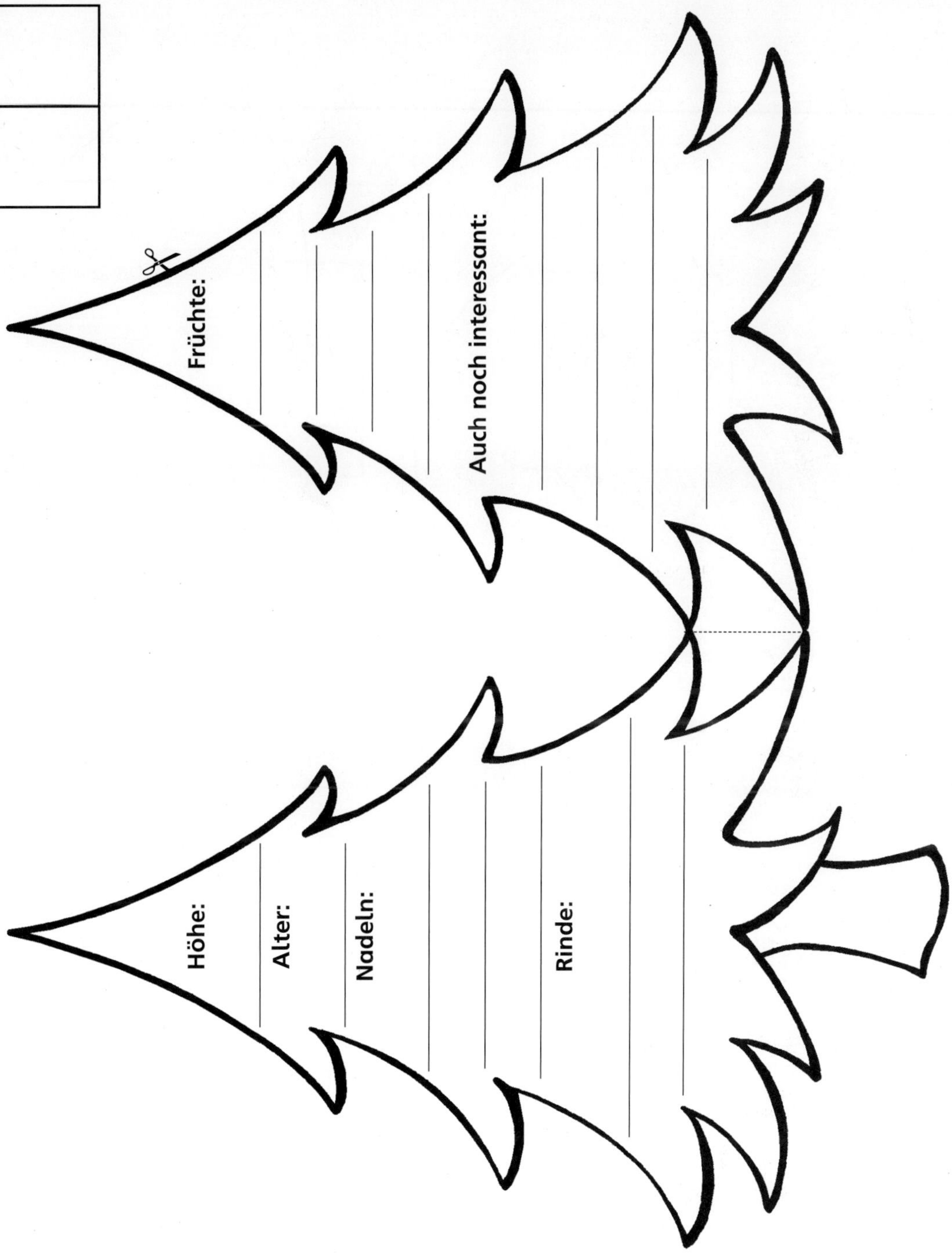

Was hast du über das Tier herausgefunden?
Schreibe es auf.

Nimm dir so viele Schreiblinien, wie du brauchst.
Klebe alles zu einem Büchlein zusammen.

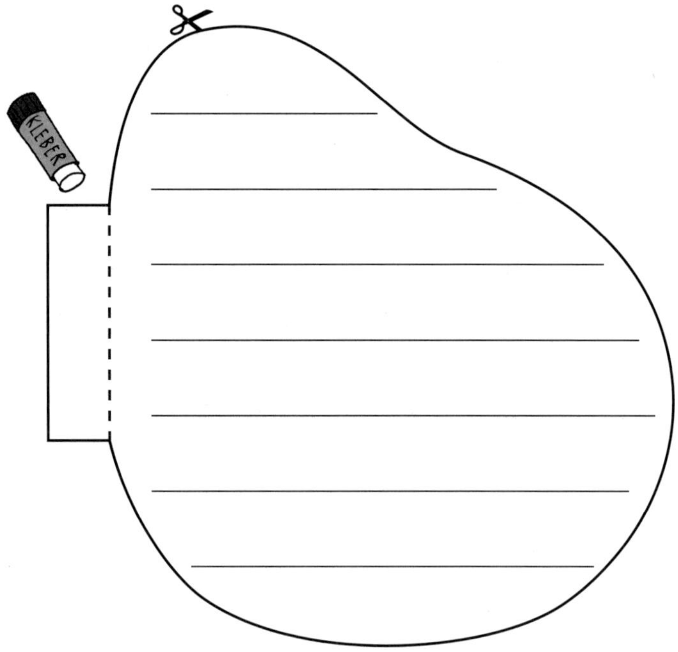

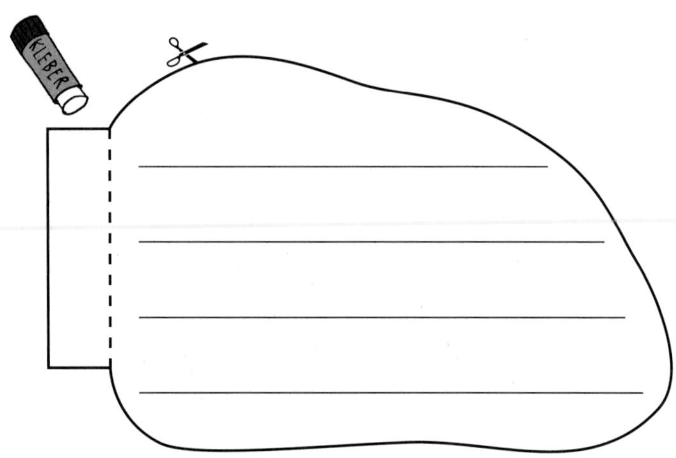

Was hast du über das Tier herausgefunden? Schreibe es auf.

Nimm dir so viele Schreiblinien, wie du brauchst. Klebe alles zu einem Büchlein zusammen.

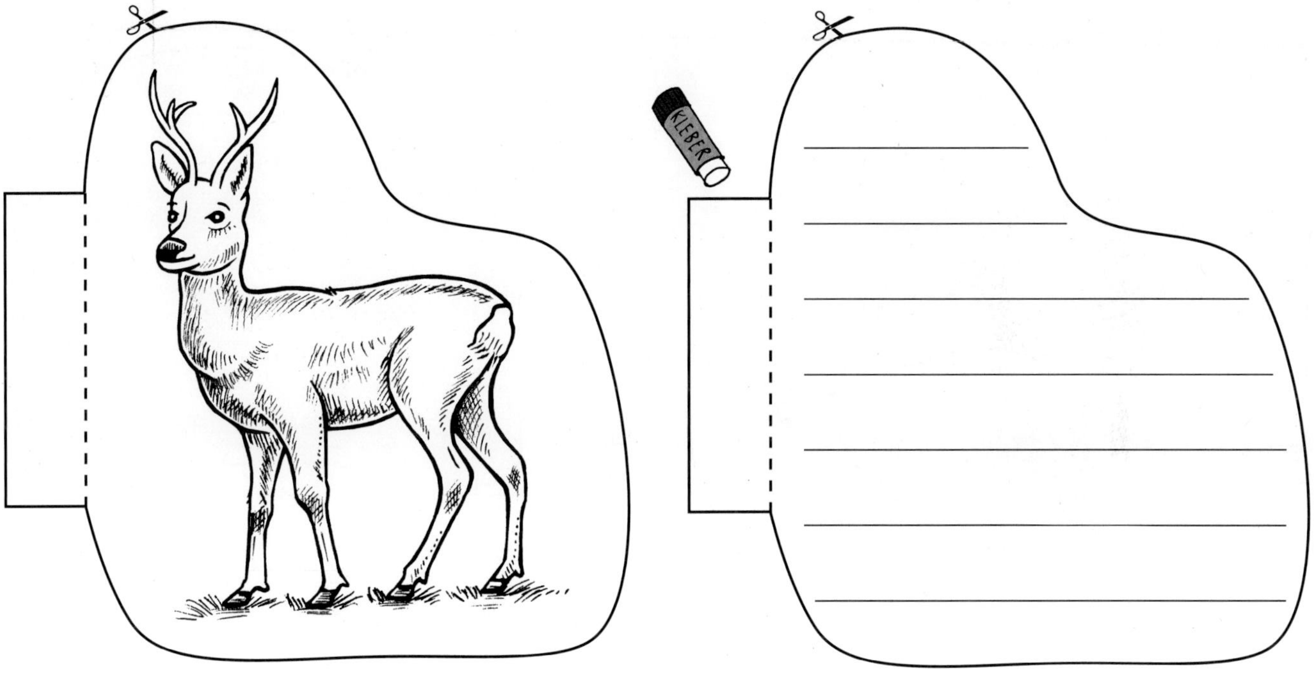

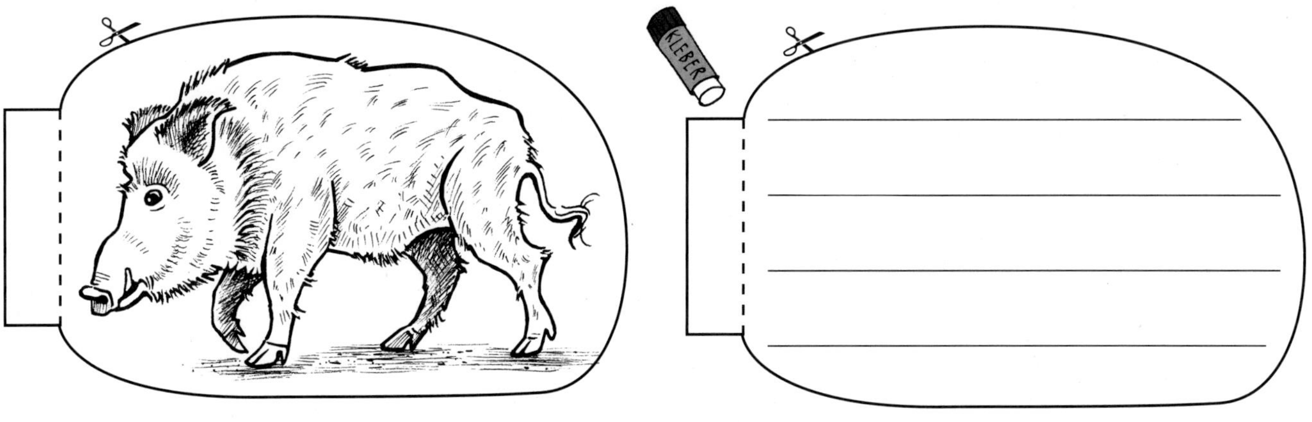

Was hast du über das Tier herausgefunden? Schreibe es auf.

Nimm dir so viele Schreiblinien, wie du brauchst. Klebe alles zu einem Büchlein zusammen.

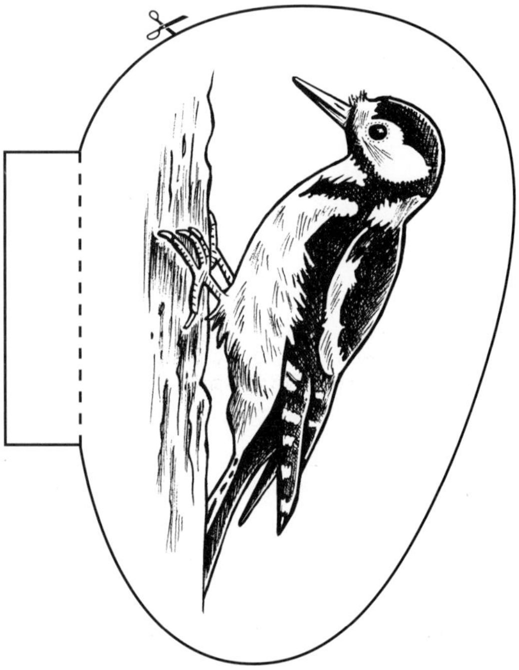

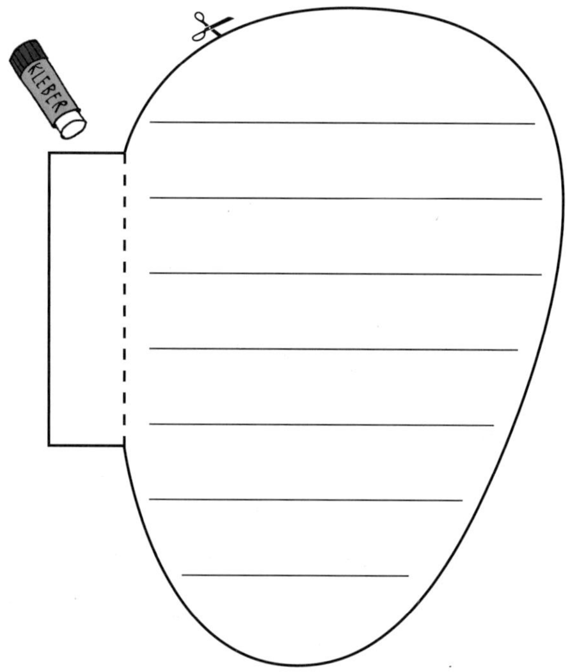

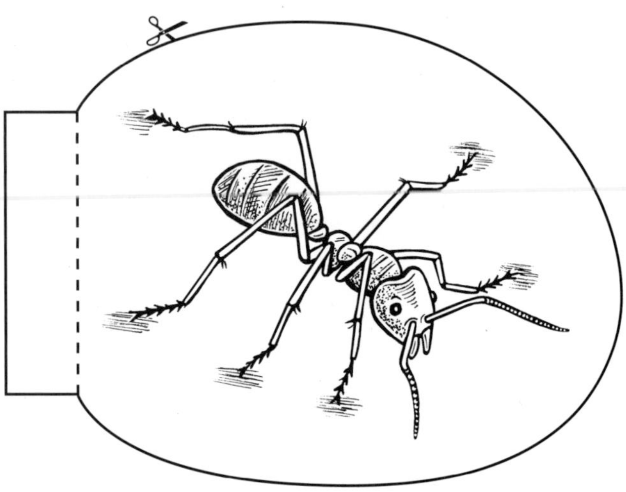

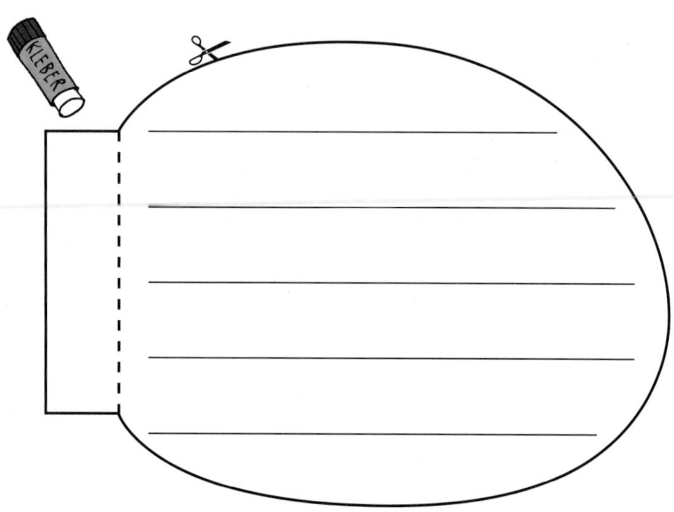

Erstelle eine Pop-up-Karte zum Thema „Pilze".

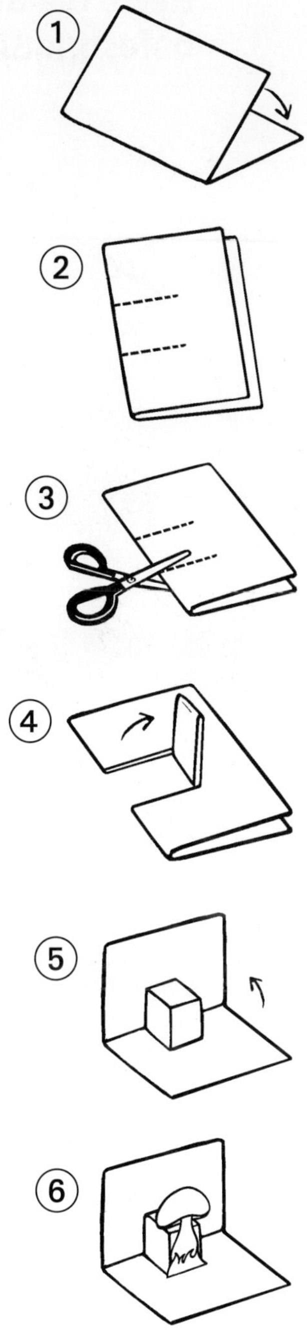

Eine Pop-up-Karte ist eine Klappkarte mit einem eingebauten Bild. Wenn man die Karte aufklappt, kommt das Bild hervor. Außerdem ist in der Karte noch Platz für einen kleinen Text.

Du brauchst:

- Tonpapier (zum Beispiel 14 cm lang und 9 cm breit)
- 1 Lineal
- 1 Bleistift
- 1 Schere
- Klebstoff
- Stifte zum Schreiben und Zeichnen
- 1 Bild, das aufklappen soll (zum Beispiel von einem Pilz)

So wird's gemacht:

1. Falte das Papier genau in der Mitte.
2. Zeichne an der Faltlinie 2 Linien ein (zum Beispiel 3 cm lang, Abstand 2 cm).
3. Schneide das Papier an diesen Linien ein.
4. Klappe den eingeschnittenen Streifen um und falte ihn.
5. Falte das Papier wieder auf und drücke den Streifen nach innen. Jetzt schaut der Streifen aus der aufgeklappten Karte heraus.
6. Schneide den Pilz aus und klebe ihn vorn auf den Streifen.
7. Schreibe Informationen zu den Pilzen in die Faltkarte hinein.

Tipp: Klebe eine Seite der Karte auf dein Lapbook. An der anderen Seite kannst du die Pop-up-Karte öffnen.

 **Schneide die Blätter aus.**

 **Schreibe auf, was du dir merken willst.**
Hefte die Blätter mit einer Musterklammer zusammen und befestige sie dann mit der Klammer an deinem Lapbook.

Informiere dich.
Lies den Text oder lass ihn dir vorlesen.

Der Igel

Der Igel ist ein Wildtier. Er lebt an Waldrändern, in Parks, Gärten oder auch Dünen. Hier kann er sich im Gebüsch und in Hecken verbergen. Besonders gern legt er sein Nest in Reisighaufen an.

Der Igel ist ein Einzelgänger. Er ist vor allem in der Dämmerung und nachts unterwegs.

Ein erwachsener Igel wiegt etwa 1 Kilogramm und ist zwischen 22 und 30 Zentimeter groß. Eine Besonderheit ist sein Stachelkleid, in das er sich bei Gefahr einrollt. Dann wird er von seinen 6000 bis 8000 Stacheln geschützt.

Seine Nahrung besteht vor allem aus Insekten, Würmern, Larven, Tausendfüßlern und Schnecken. Auch kleine Frösche, Eidechsen, Mäuse, Küken oder Eier frisst er.

Feinde des Igels sind Fuchs, Marder, Dachs und Uhu. Eine große Gefahr geht vom Menschen aus: Sehr viele Igel werden von Autos überfahren.

Im Sommer bringt das Weibchen zwischen 2 und 10 Junge zur Welt. Im Winter hält der Igel einen Winterschlaf. In dieser Zeit sinkt seine Körpertemperatur, das Herz schlägt langsamer und er atmet auch weniger.

Hier kannst du noch mehr über den Igel erfahren:

- **http://klexikon.zum.de/wiki**
- **www.blinde-kuh.de**
- **www.fragfinn.de/kinderliste.html**
- **www.helles-koepfchen.de**
- **www.naturdetektive.de**

Schneide den Igel und die Wortkarten aus.

Klebe den Igel in dein Lapbook.

Klebe die Wörter dazu und verbinde sie mit einer Linie mit der passenden Stelle im Bild.

Nase	**Stacheln**	**Ohr**
Schnauze	**Auge**	**Pfote**

Schneide die Bildkarten und die Vorlage für die Tasche aus.

Falte und klebe die Igel-Tasche zusammen.
Was frisst der Igel?
Stecke die passenden Bildkarten in die Tasche.

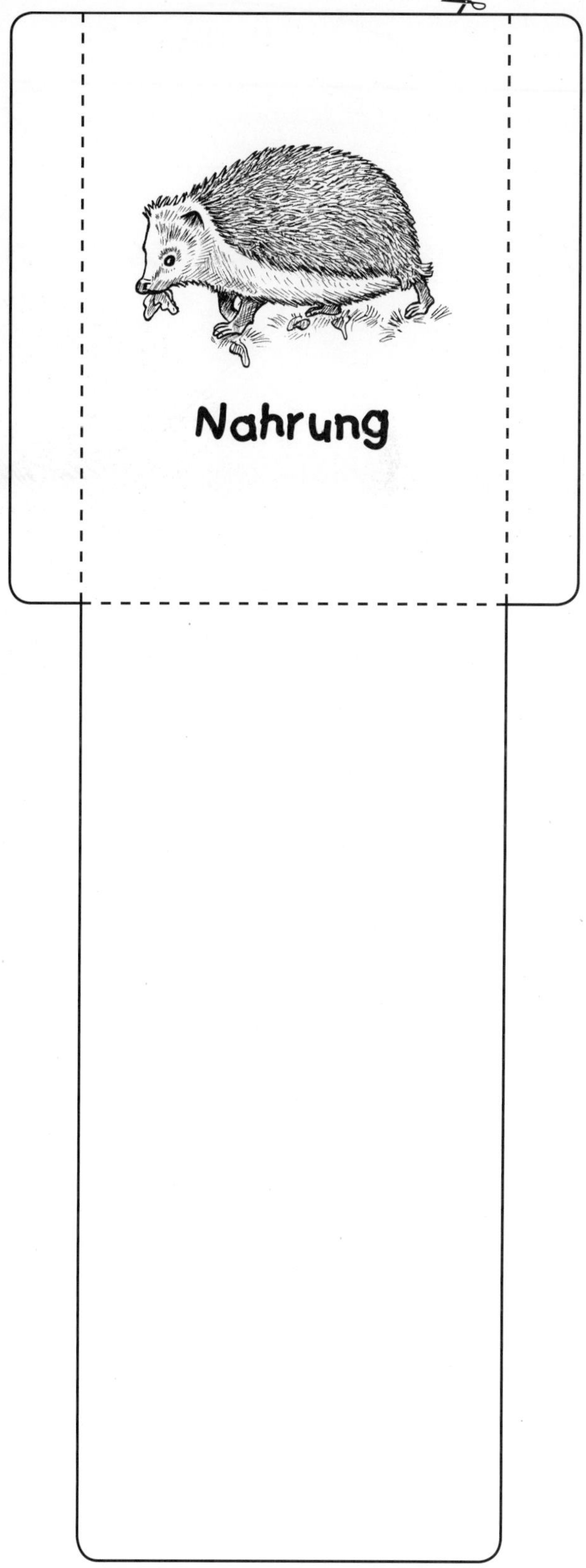

Schneide die Kreise und die Igelbilder aus.

Klebe die Bilder an die passende Jahreszeit.
Klebe den kleinen Kreis in die Mitte der Igeljahr-Scheibe.
Setze die Scheiben mit einer Musterklammer zusammen.

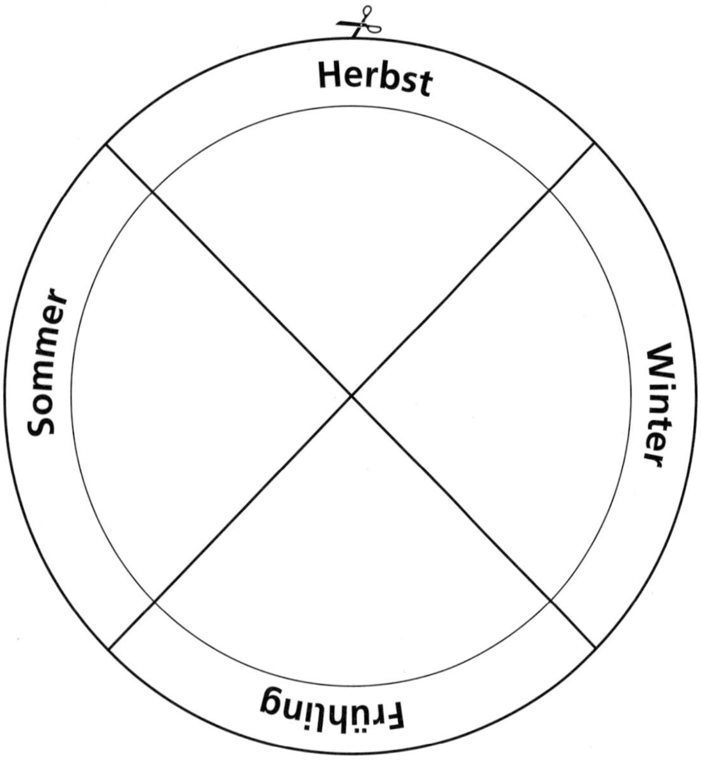

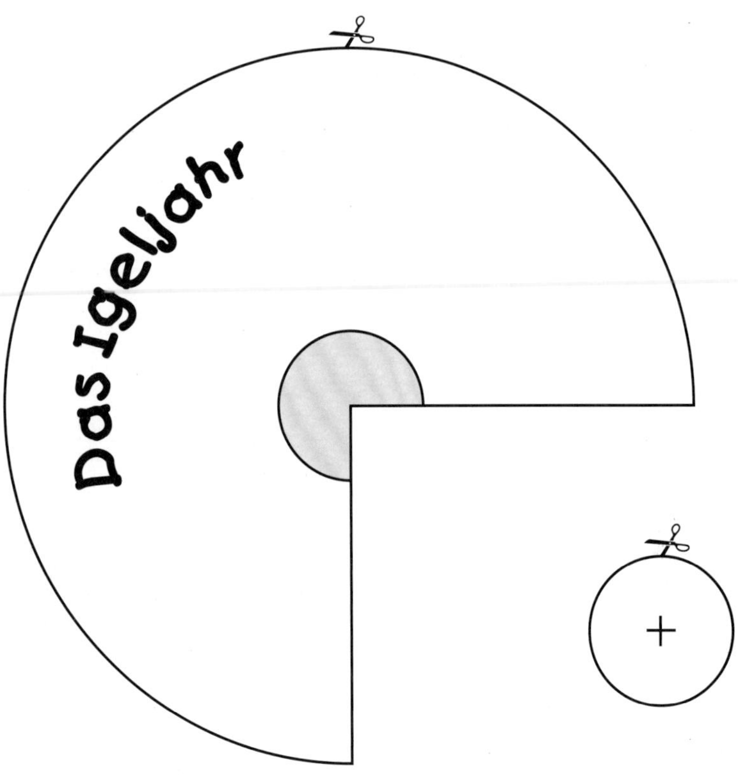

Schneide die Vorlage für das Nest aus.

Schreibe in das Nest, wie der Igel seinen Winterschlaf verbringt.

Die Blätter kannst du von außen auf das Nest kleben.

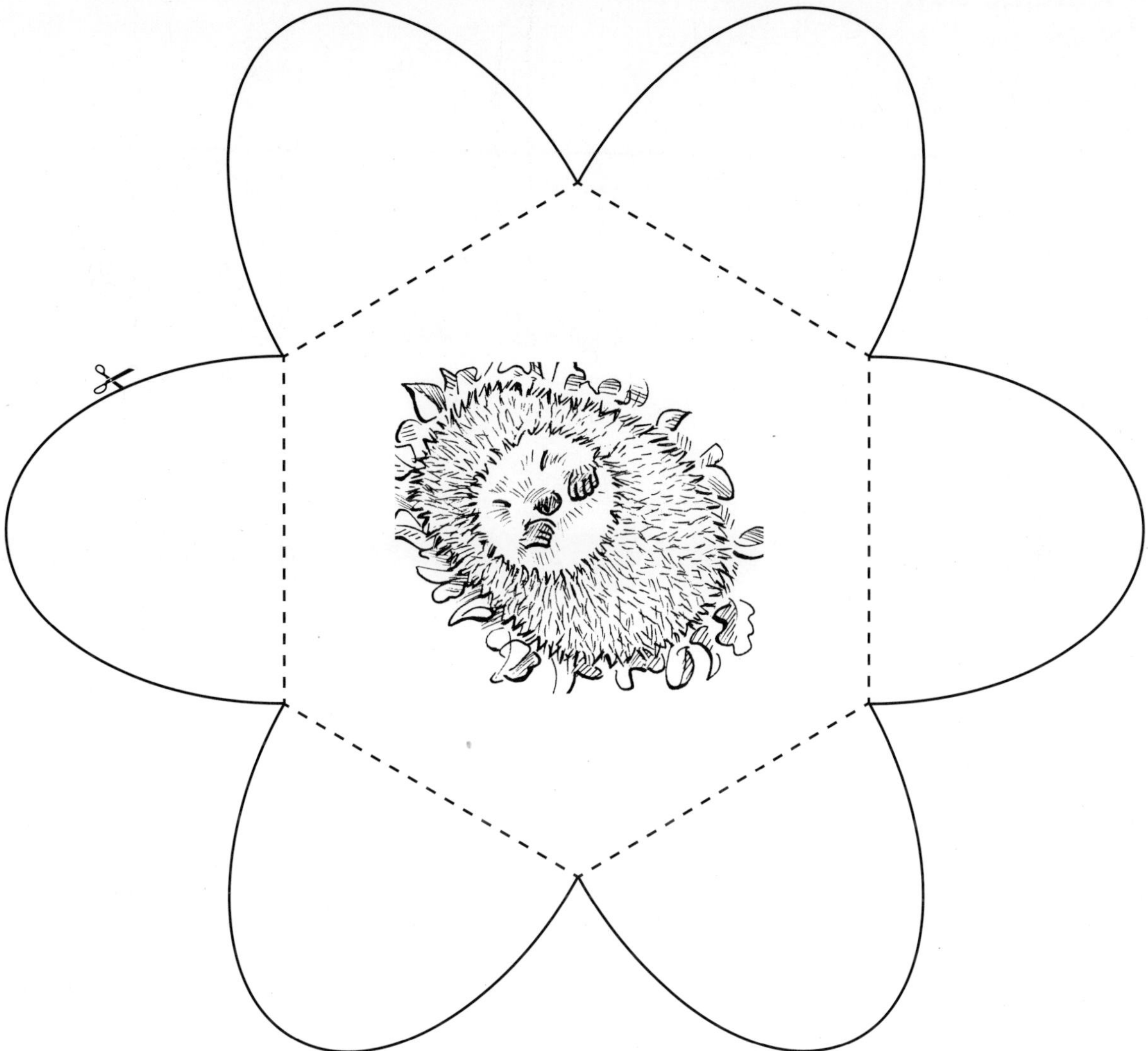

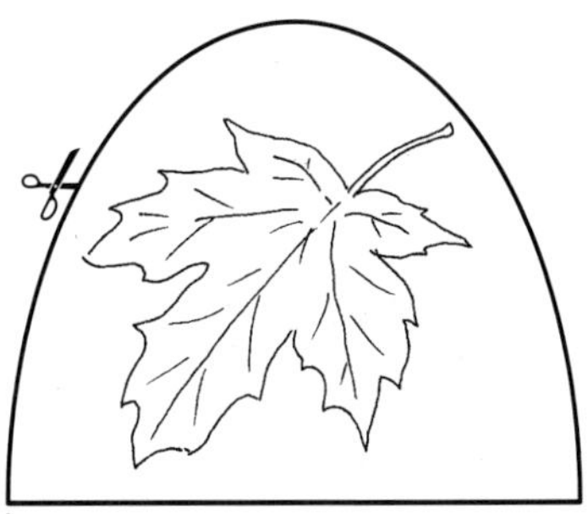

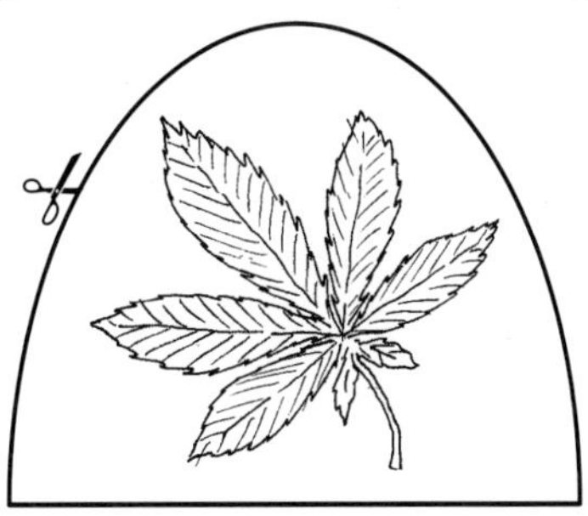

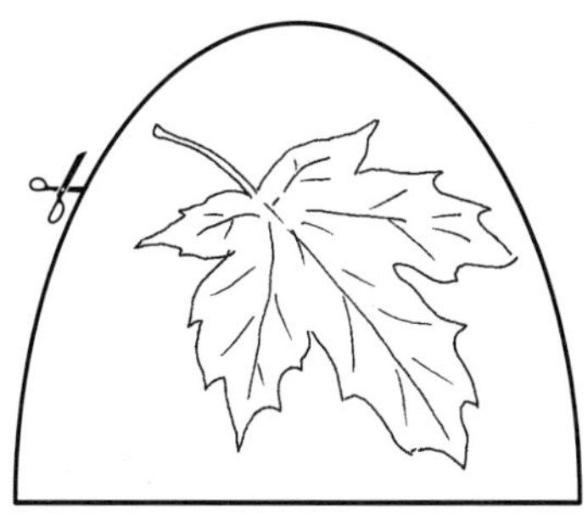

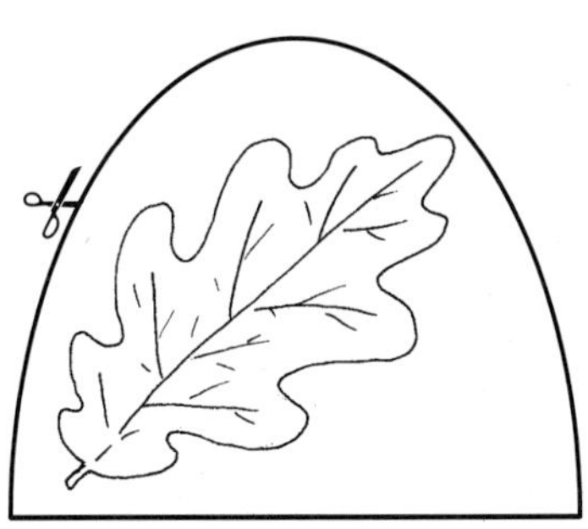

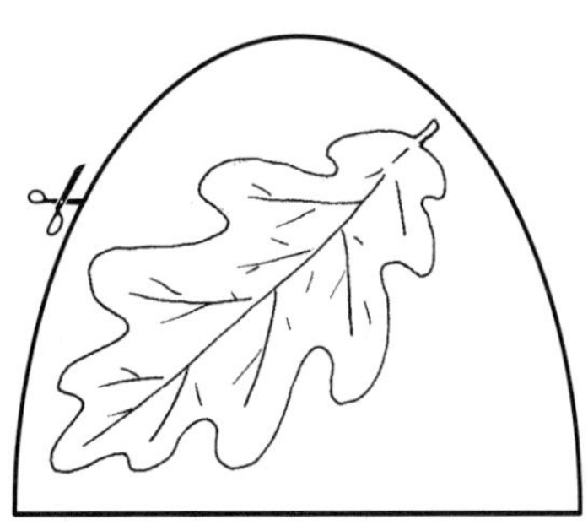

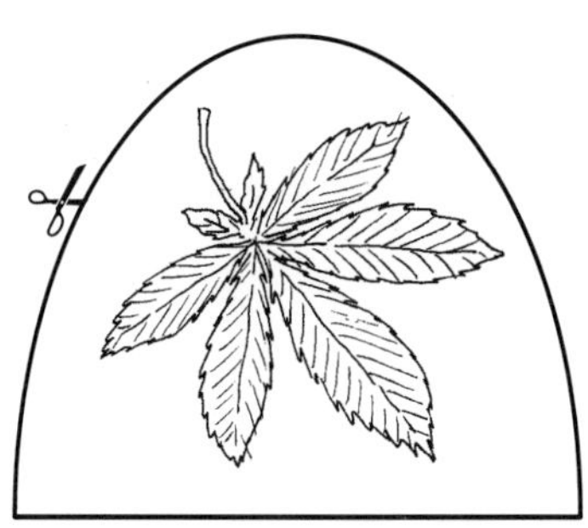

Schneide das Heft aus und falte es.

Schneide die Schreiblinien aus und klebe sie innen in das Heft hinein.

Was weißt du über die Gefahren, die dem Igel drohen?
Schreibe auf.

Schneide die Karten aus.

Klebe ein passendes Foto hinein.

Schreibe einen Satz dazu.

Nachwuchs

Lebensraum

Stacheln

Gefahren

Schneide die Karten aus.

Klebe ein passendes Foto hinein.

Schreibe einen Satz dazu.

Nahrung

Verhalten

Schneide die Vorlagen aus.

Schreibe auf, was du noch über den Igel herausgefunden hast.

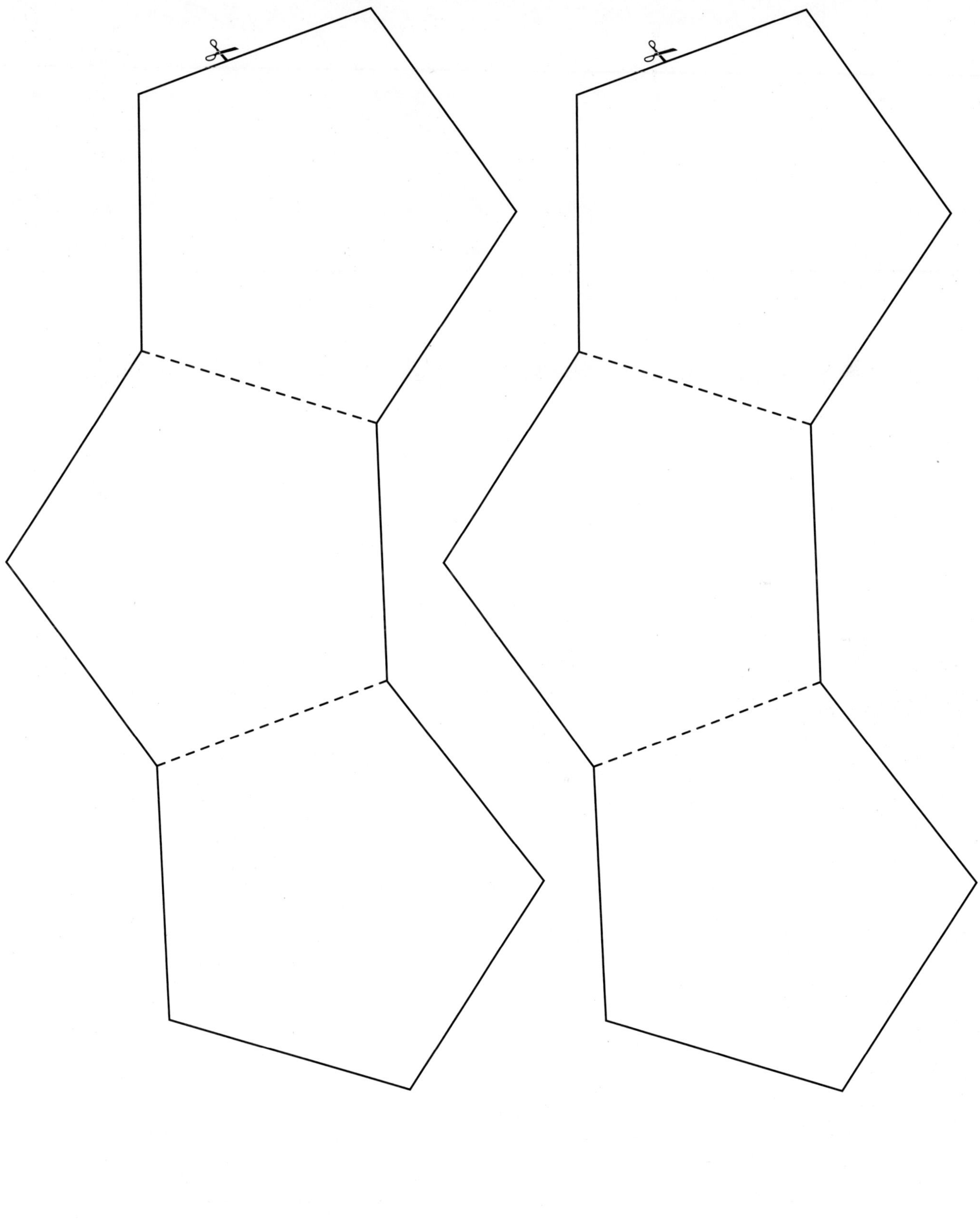

Schneide die Igel aus.

Schreibe auf, was du dir merken willst.
Hefte die Bilder mit einer Musterklammer zusammen und befestige sie dann mit der Klammer an deinem Lapbook.

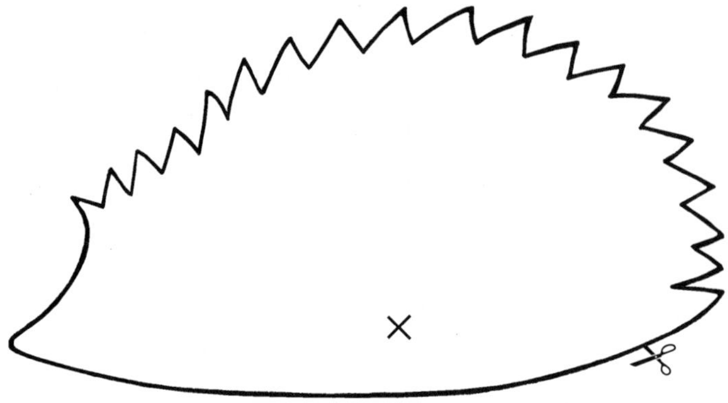

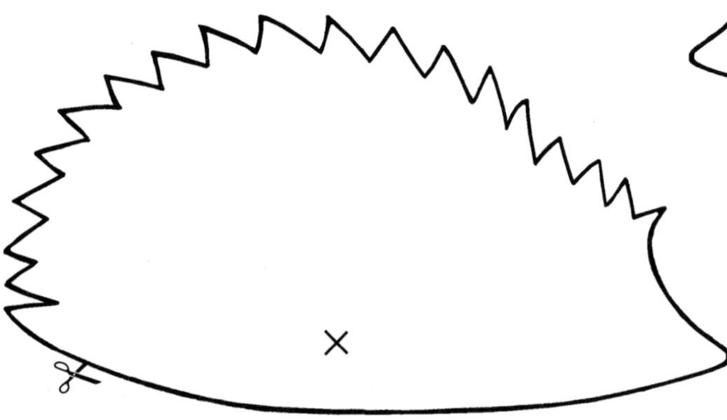

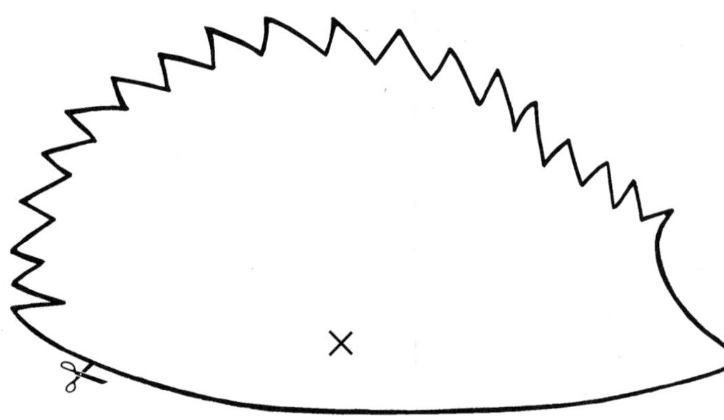

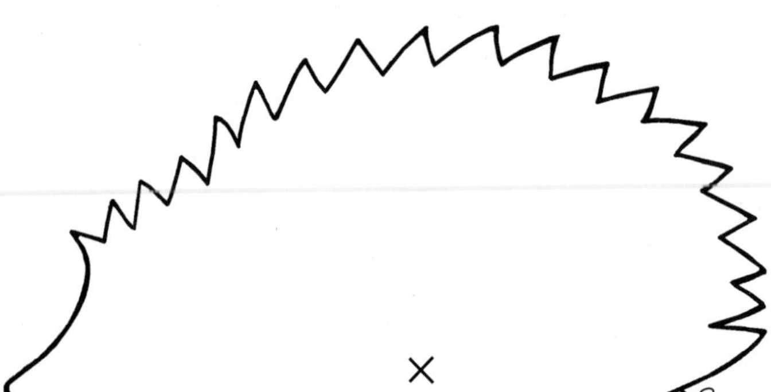

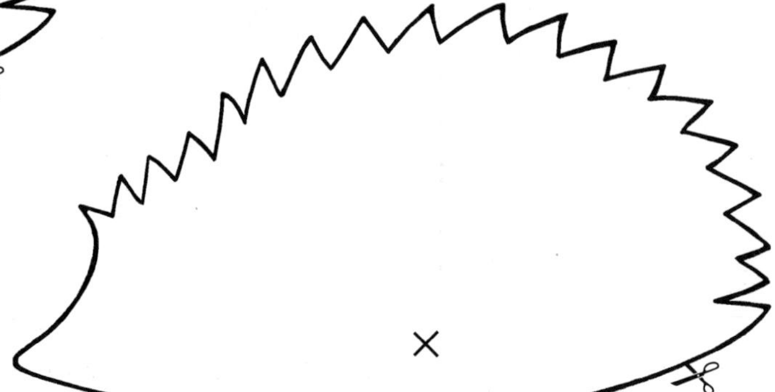

Informiere dich.
Lies den Text oder lass ihn dir vorlesen.

Gesunde Ernährung

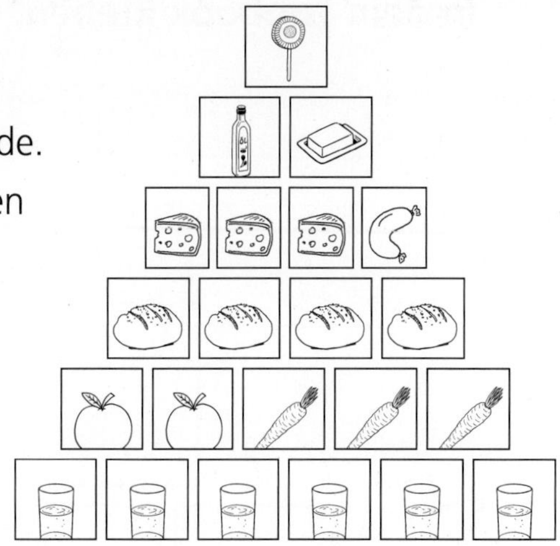

Welche Lebensmittel sollte man oft zu sich nehmen, welche nicht so oft? Das zeigt die Ernährungspyramide.

Die unterste Ebene mit den Getränken hat die meisten Portionen. Wir sollen also viel trinken! Mindestens 1,5 Liter am Tag, besser mehr. Am besten ist Wasser. Aber auch verdünnter Fruchtsaft (zum Beispiel Apfelsaftschorle), Früchte- und Kräutertee sind geeignet. Getränke mit viel Zucker, wie Cola und Limo, sollten nur wenig getrunken werden.

Ebene 2 enthält Gemüse, Salat und Obst. Darin sind viele Dinge, die für unsere Gesundheit sehr wichtig sind, wie zum Beispiel Eiweiß, Vitamine und Ballaststoffe. Deshalb sollten wir 5 Portionen am Tag davon essen.

Ebene 3: Kartoffeln, Reis, Nudeln, Brot und andere Getreideprodukte enthalten besonders viele Kohlenhydrate. Diese liefern dem Körper viel Energie und sind für Kraft und Ausdauer verantwortlich. Süße Müsliriegel oder gezuckerte Cornflakes gehören aber zu den Süßigkeiten.

Ebene 4: Lebensmitteln von Tieren sollten weniger gegessen werden. Hierzu gehören Milch, Käse und andere Milchprodukte, Eier, Fleisch, Wurst und Fisch. Sie enthalten zwar Eiweiß und andere Dinge, die der Körper braucht, aber oft auch sehr viel Fett. Zu viele tierische Fette sind für den Körper nicht gesund.

Ebene 5: Fette und Öle sollten nur sparsam verwendet werden. Sie liefern zwar Energie und enthalten oft wichtige Bestandteile. Wenn man aber zu viel davon aufnimmt, ist das nicht gut für den Körper. Das kann leicht passieren, denn sie sind oft in anderen Lebensmitteln versteckt, zum Beispiel in Fleisch, Schokolade oder Pommes frites. Es gibt tierische Fette (zum Beispiel Butter) und pflanzliche Fette (zum Beispiel Margarine).

Ganz oben in der Pyramide sind Süßigkeiten mit viel Zucker zu sehen. Davon sollte man nur sehr wenig essen. Zu viel Zucker kann zu Übergewicht und einigen Krankheiten führen. Vorsicht: Nicht nur Bonbons und Schokolade enthalten Zucker, er ist in ganz vielen anderen Lebensmitteln versteckt. Zum Beispiel in Fertigpizzas, Ketchup, Cola, Rotkohl, Fruchtjoghurt, Toastbrot …

Hier kannst du noch mehr über gesunde Ernährung erfahren:

- **http://klexikon.zum.de/wiki**
- **www.blinde-kuh.de**
- **www.fragfinn.de**
- **www.helles-koepfchen.de**
- **www.kindernetz.de/infonetz/ernaehrung**

Wovon sollte man viel zu sich nehmen? Wovon wenig?
Schneide die Bildkarten aus und klebe sie an die richtige Stelle.

Dann kannst du die ganze Pyramide ausschneiden und in dein Lapbook kleben.

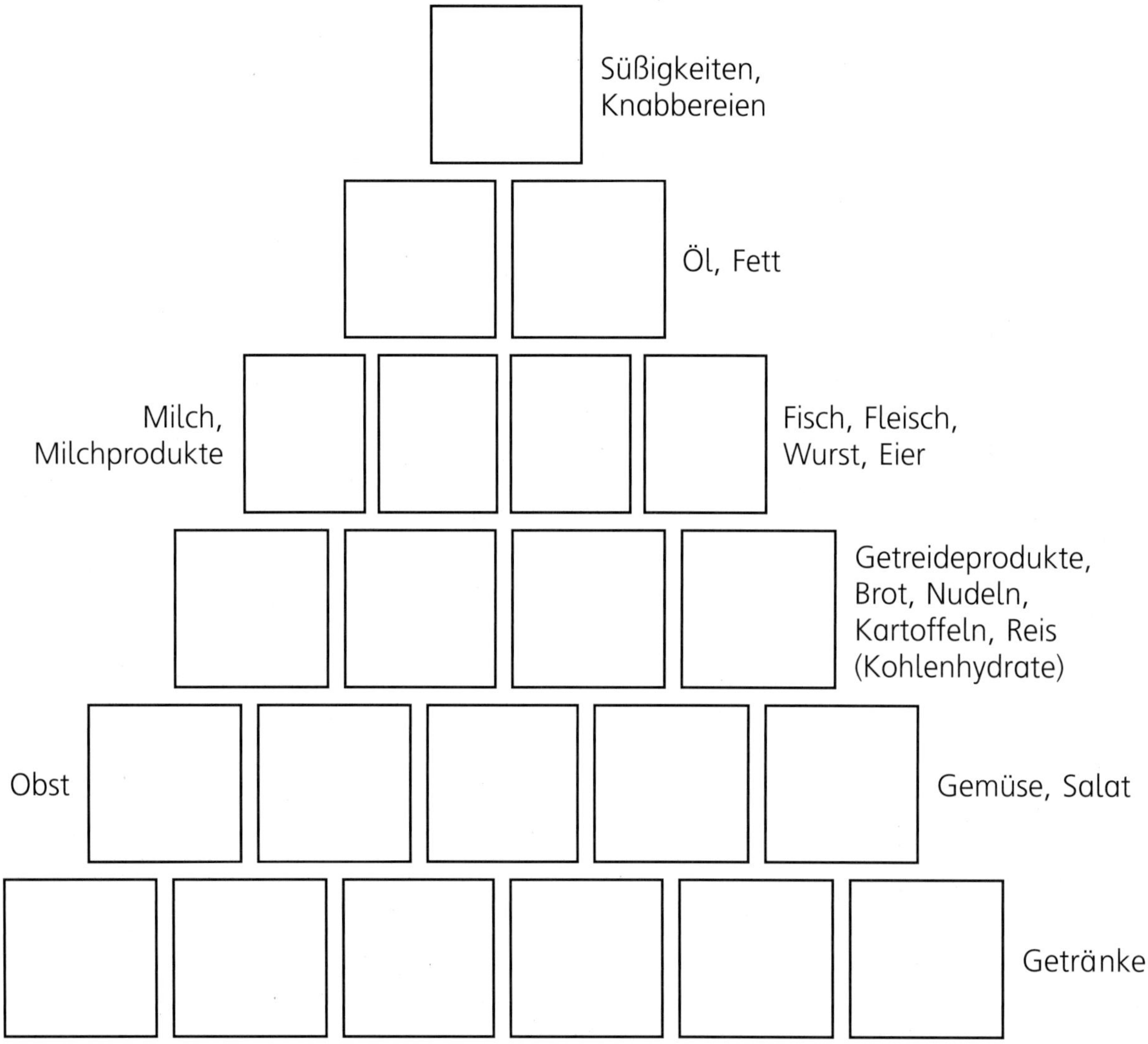

Schneide die Vorlagen für die Taschen und die Bildkarten aus.

Falte und klebe die Taschen zusammen.
Welches Nahrungsmittel gehört in welche Tasche?

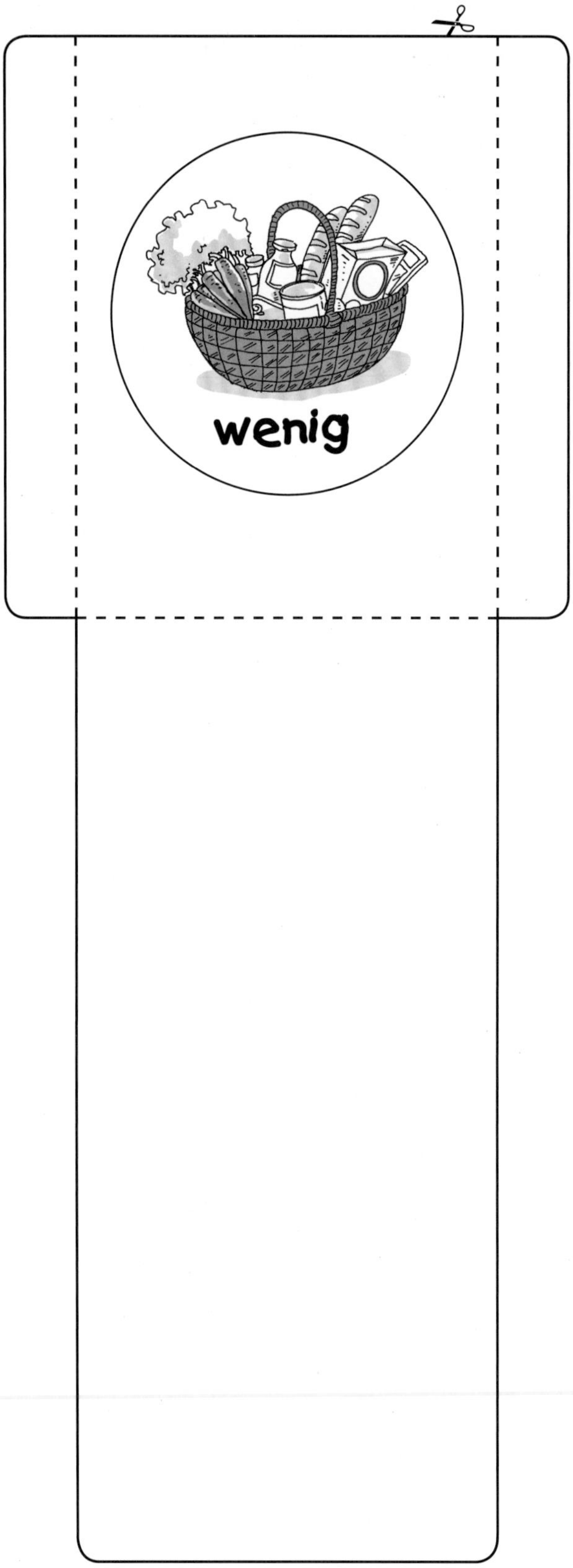

Tipp: Du kannst die Taschen auch anmalen:
Grün = viel, Gelb = mäßig, Rot = wenig.

Die Ernährungspyramide hat 8 Gruppen.
Welches Nahrungsmittel gehört in welche Gruppe?

Schneide die Vorlagen für die Klappkarten und die Textkarten aus.

Klebe die Textkarten in die passenden Klappkarten.

 Getränke	 Obst	 Gemüse, Salat	 Nahrungsmittel mit viel Kohlenhydraten

Bananen	Mineralwasser	Haferflocken	Sprudel
Blumenkohl	Apfelschorle	Kiwis	Radieschen
Erbsen	Früchtetee	Vollkornbrot	Reis
Weintrauben	Erdbeeren	Linsen	Nudeln

Milch, Milchprodukte	**Fisch, Fleisch, Wurst, Eier**	**Öl, Fett**	**Süßigkeiten, Knabbereien**

Quark	**Schmalz**	**Lachs**	**Margarine**
Olivenöl	**Fruchtgummi**	**Schokolade**	**Joghurt**
Käse	**Schinken**	**Erdnussflips**	**Hähnchen**
Butter	**Bonbon**	**Buttermilch**	**Salami**

Was hast du in der Woche gegessen? Schreibe auf.

Wenn du die Seiten ausschneidest und zusammenklebst, hast du ein Protokoll der Woche.

Vergleiche es mit einem Partner.

Das habe ich gegessen

vom: ____________________

bis: ____________________

Klebefläche

morgens ____________________

____

____

mittags ____________________

____

____

abends ____________________

____

____

Montag

Donnerstag

Klebefläche

morgens

mittags

abends

Mittwoch

Klebefläche

morgens

mittags

abends

Dienstag

Klebefläche

morgens

mittags

abends

Sonntag

Klebefläche

morgens

mittags

abends

Samstag

Klebefläche

morgens

mittags

abends

Freitag

Klebefläche

morgens

mittags

abends

Schneide die Äpfel aus.

Schreibe auf, was du dir merken willst.
Hefte die Bilder mit einer Musterklammer zusammen und befestige sie dann mit der Klammer an deinem Lapbook.

Informiere dich.
Lies den Text oder lass ihn dir vorlesen.

Löwe

Löwen leben heute hauptsächlich in Afrika, früher gab es sie häufiger auch in Asien. Der Löwe ist die einzige Katzenart, die in einer Gruppe – im Rudel – lebt. Die Männchen erkennt man an der langen und dichten Mähne. Sie dient dazu, andere Männchen zu beeindrucken und ihnen zu drohen. Außerdem schützt sie beim Kampf vor Verletzungen. Der Löwe kann seine Krallen einziehen, wie alle anderen Katzen auch.
Im Rudel sind oft die Weibchen für die Jagd zuständig. Sie schleichen sich gemeinsam an die Beute heran und springen sie dann an. Durch einen Biss in die Kehle wird sie erstickt. Die Beute wird nach der Rangfolge im Rudel verteilt: Erst darf das Männchen fressen, dann ist die ranghöchste Löwin an der Reihe. Die anderen Weibchen folgen und zuletzt bekommen die Jungtiere ihren Anteil. Oft gibt es bei der Verteilung aber Streit.

Elefant

Elefanten gibt es in Afrika und Asien. Sie leben in Herden, die von einer Leitkuh angeführt werden. Ein Elefant wird etwa 3 Meter hoch und 8 Meter lang. Große Elefantenbullen wiegen 5000 Kilogramm – mehr als zwei Autos wiegen. Die Stoßzähne der Elefanten sind die größten Zähne der Welt: Sie können 3 Meter lang werden und wiegen dann mehr als ein ausgewachsener Mensch.
Elefanten benötigen pro Tag etwa 200 Kilogramm Nahrung: Gräser, Wurzeln, Äste, Blätter, Früchte … Um das zu schaffen, müssen sie über 16 Stunden fressen.
Auch für Elefanten ist es wichtig, genug zu trinken. Sie brauchen bis zu 150 Liter Wasser am Tag.
Ihren Rüssel benutzen sie als Greifwerkzeug und Pumpe. Sie pflücken mit ihm die Nahrung und stecken sie in den Mund. Außerdem saugen sie damit Wasser auf, um es in den Mund zu spritzen oder um zu duschen.

Informiere dich.
Lies den Text oder lass ihn dir vorlesen.

Giraffe

Die Giraffe ist das höchste Tier der Welt. Das Männchen, der Bulle, wird etwa 6 Meter groß. Das Weibchen, die Kuh, ist kleiner. Besonders auffällig ist bei beiden der lange Hals. Das Fell ist kurz und hat einen gelblichen Untergrund. Darauf sind dunkelbraune Flecken. Der Kopf ist recht klein, die Augen sind etwas vorgewölbt und sitzen seitlich daran. Oben auf dem Kopf befinden sich 2 Hörner, auf der Stirn ist ein Höcker zu sehen.
Mit ihrem langen Hals und der langen Zunge kommt die Giraffe sehr gut an das Laub der Bäume. Am liebsten frisst sie die Blätter des Akazien-Baums. Sie benötigt davon etwa 30 Kilogramm am Tag. Flüssigkeit nimmt sie mit der Nahrung auf. Deshalb braucht sie wochenlang nicht zu trinken.
Giraffen leben in Afrika, in Steppen und Savannen.
Giraffenkühe leben im Rudel, die Bullen sind meistens als Einzelgänger unterwegs.

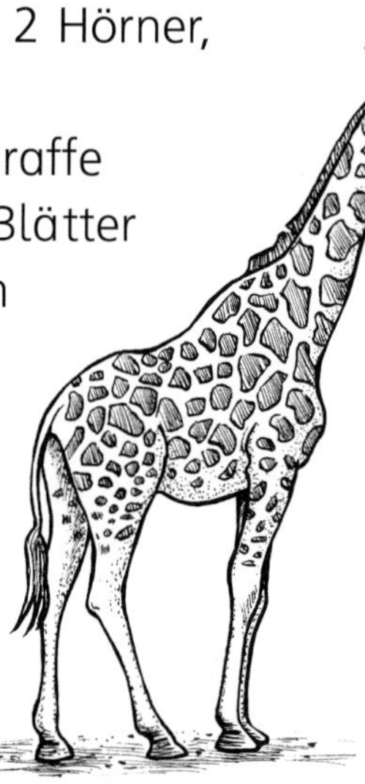

Gorilla

Der Gorilla gehört zur Familie der Menschenaffen. Er lebt in den mittleren Teilen Afrikas, in den Regenwäldern.
Sein Fell ist braungrau oder schwarz. Ältere Männchen haben ein silbergraues Rückenfell und werden daher „Silberrücken" genannt.
Gorillas haben einen stämmigen Körper. Sie werden zwischen 1,30 Meter und 1,80 Meter groß. Die Weibchen wiegen zwischen 70 und 90 Kilogramm. Die Männchen sind mit 200 Kilogramm viel schwerer.
Gorillas sind Pflanzenfresser und essen am liebsten Blätter und Früchte. Diese suchen sie auf dem Boden und auf Bäumen, denn sie können gut klettern. Auf dem Boden bewegen sie sich im „Knöchelgang": Sie gehen mit den Beinen und stützen sich mit den Händen ab. (Schimpansen machen es genauso.)
Gorillas leben in Gruppen, die unterschiedlich groß sind. Sie sind tagsüber aktiv. Für die Nacht bauen sie sich aus Blättern und Zweigen ein Schlafnest.

Informiere dich.
Lies den Text oder lass ihn dir vorlesen.

Pinguin

Der Pinguin ist ein Seevogel, der nicht fliegen kann. Dafür kann er sehr gut schwimmen und tauchen. Er benutzt seine kräftigen Flügel wie Flossen, um sich im Wasser fortzubewegen. Mit den Füßen und dem kurzen Schwanz steuert er die Richtung.
An Land läuft er aufrecht und wirkt sehr unbeholfen.
Pinguine leben auf der Südhalbkugel der Erde. Vor allem in der sehr kalten Antarktis und bei den Inseln im Polarmeer.
Aber auch in Australien, Südafrika und Südamerika gibt es sie.
Ihr eigentlicher Lebensraum ist das offene Meer.
Sie fressen Fische, Krebse und kleine Tintenfische.
Der Pinguin hat sich an das Wasser und die eisige Kälte angepasst. Er besitzt eine dicke Fettschicht und wasserundurchlässige Federn, die warm und trocken halten.
Es gibt verschiedene Pinguin-Arten. Der kleinste Pinguin ist der Zwergpinguin. Er ist nur 40 Zentimeter groß und wiegt 1,5 Kilogramm. Der Kaiserpinguin ist dagegen 120 Zentimeter groß und wiegt etwa 40 Kilogramm.

Zebra

Das Zebra ist ein Huftier. Es ist mit Pferden und Eseln verwandt.
Zebras leben in Afrika. Dort bewohnen sie Gras- und Steppenlandschaften, aber auch Halbwüsten und Berge.
Sie sind Pflanzenfresser und ernähren sich hauptsächlich von Gras.
Ihre Schulterhöhe beträgt etwa 1,50 Meter, Kopf und Rumpf sind 2,10 Meter bis 3 Meter lang. Sie können bis zu 400 Kilogramm wiegen.
Zebras sind am ganzen Körper schwarzweiß gestreift. Die Wissenschaftler wissen nicht genau, wozu die auffälligen Streifen dienen. Vielleicht sind sie eine Tarnung, um Raubtiere zu verwirren.
Zebras sind Herdentiere. Mehrere Stuten leben mit einem Hengst und den Fohlen zusammen. Zu ihren Feinden gehören zum Beispiel Löwen, Hyänen und Leoparden. Bei Gefahr flüchten Zebras – sie sind sehr schnell. Wenn keine Flucht möglich ist, stellen sie sich im Kreis um ihre Fohlen und schlagen mit den Hufen aus.

Informiere dich.
Lies den Text oder lass ihn dir vorlesen.

Kamel

Das Kamel lebt in Asien und Afrika, wo es Steppen, Wüsten und Halbwüsten bewohnt.
Besonders auffällig sind die Höcker. Ein Kamel mit einem Höcker heißt Dromedar, ein zweihöckriges Kamel heißt Trampeltier. Außerdem gibt es in Südamerika noch Verwandte, die keine Höcker haben, zum Beispiel die Lamas.
Das Kamel hat sich an das Leben in trockenen Gebieten angepasst. Es hat lange Wimpern, die die Augen vor Sand schützen, es kann seine Nasenlöcher verschließen und in kurzer Zeit sehr viel Wasser trinken. In den Höckern speichert es jedoch Fett und nicht Wasser, wie viele meinen.
Es hat lange Beine, einen langen, dünnen Hals und einen recht kleinen Kopf. Sein Fell ist sandgrau bis dunkelbraun, lang und wollig. Das Fell schützt vor Kälte, es kann aber auch schnell abgeworfen werden.
Das Kamel hat eine Schulterhöhe von 2,30 Metern und wiegt bis zu 700 Kilogramm. Es frisst hauptsächlich Gräser, aber auch dornige und salzhaltige Pflanzen.

Tiger

Der Tiger ist die größte Raubkatze der Welt. Es gibt jedoch verschiedene Unterarten, die sich sehr unterscheiden. Der Sibirische Tiger ist zum Beispiel fast doppelt so groß und schwer wie der Sumatratiger.
Der Tiger lebt in Asien und war früher weit verbreitet. Heute ist er stark gefährdet und kommt meist nur noch in einigen Schutzgebieten vor, zum Beispiel in Indien.
Das Fell des Tigers hat dunkle Streifen, der Untergrund ist goldgelb bis rotbraun. Die Unterseite ist weiß. Ein Tiger kann bis zu 3 Meter lang und 200 bis 300 Kilogramm schwer werden.
Tiger fressen zum Beispiel Hirsche, Wildrinder und Wildschweine. Sie lauern auf ihre Beute oder schleichen sich heran. Mit einem Sprung werfen sie sie zu Boden und töten sie durch einen Kehl- oder Genickbiss.
Tiger sind Einzelgänger. Die Weibchen kümmern sich jedoch um ihre 2 bis 3 Jungen, bis diese selbstständig leben können.

Informiere dich.
Lies den Text oder lass ihn dir vorlesen.

Tierpflegerin und Tierpfleger

Der Beruf als Tierpfleger ist sehr beliebt. Seine Aufgaben im Zoo sind zum Beispiel: Tiere pflegen und füttern, Käfige und Gehege ausmisten und säubern, Futternäpfe reinigen.
Er muss das Futter vorbereiten, die Tiere beschäftigen und dem Tierarzt helfen.
Dazu muss er seine Tiere gut kennen und genau beobachten: Ist der Bär, der sein Futter nicht angerührt hat, vielleicht krank? Vertragen sich die Paviane oder müssen sie getrennt werden? Ist der Nachwuchs bei den Erdmännchen schon da?
Der Tierpfleger muss dazu auch wissen, wie ein Tier in seiner Heimat lebt. Was frisst es dort? Lebt es allein oder in einer Gruppe? Wann hat es seine Ruhezeiten?
Die Arbeit kann sehr anstrengend sein: Die Säcke mit Futter sind schwer, zum Reinigen muss der Pfleger auch in entlegene Winkel kriechen oder ins Wasser steigen. Dabei muss er aufpassen, dass kein Tier entkommen oder ihn angreifen kann. Natürlich muss er auch am Wochenende und an Feiertagen arbeiten, manchmal auch nachts.

Hier kannst du noch mehr über Tiere im Zoo und die Arbeit des Tierpflegers erfahren:

- **http://klexikon.zum.de/wiki**
- **www.blinde-kuh.de**
- **www.fragfinn.de/kinderliste.html**
- **www.helles-koepfchen.de**
- **www.naturdetektive.de**

Was hast du über das Tier herausgefunden?
Schreibe es auf.

Nimm dir so viele Schreiblinien, wie du brauchst.
Klebe alles zu einem Büchlein zusammen.

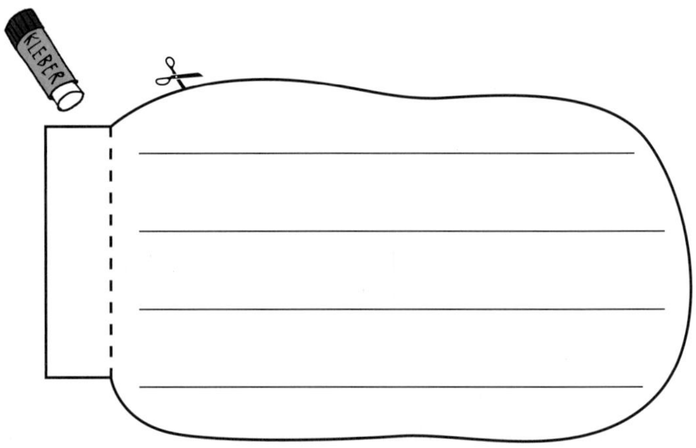

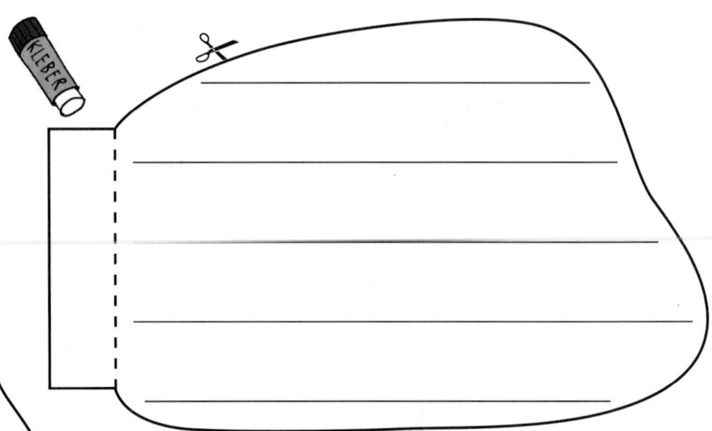

Was hast du über das Tier herausgefunden? Schreibe es auf.

Nimm dir so viele Schreiblinien, wie du brauchst. Klebe alles zu einem Büchlein zusammen.

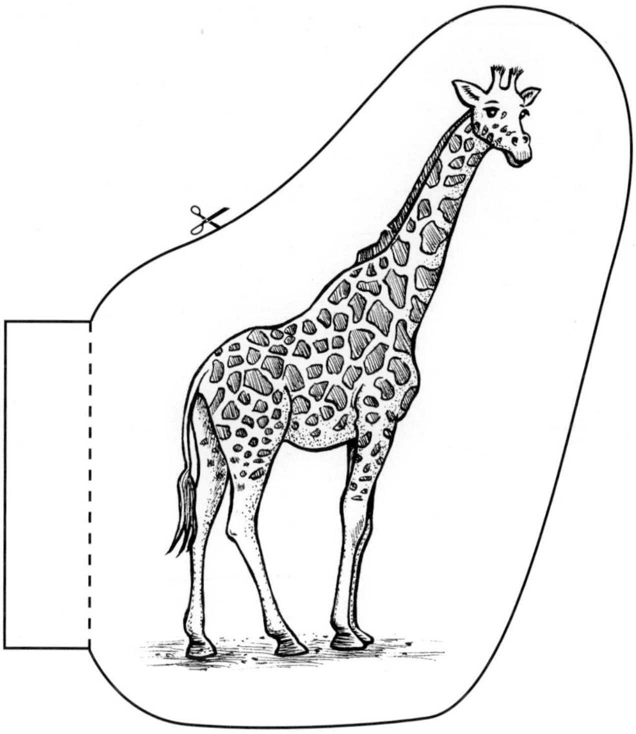

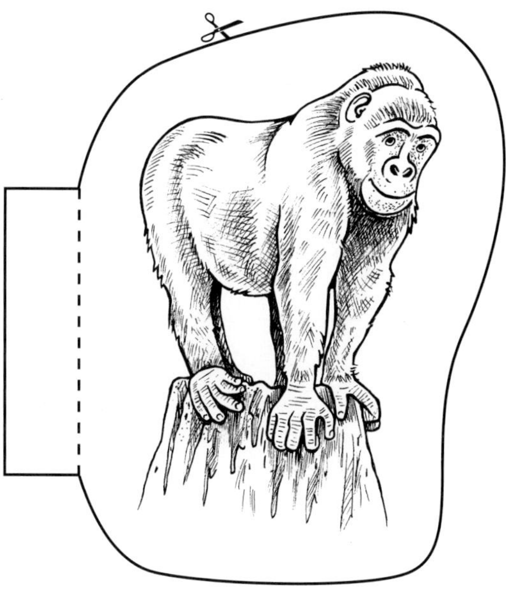

**Was hast du über das Tier herausgefunden?
Schreibe es auf.**

**Nimm dir so viele Schreiblinien, wie du brauchst.
Klebe alles zu einem Büchlein zusammen.**

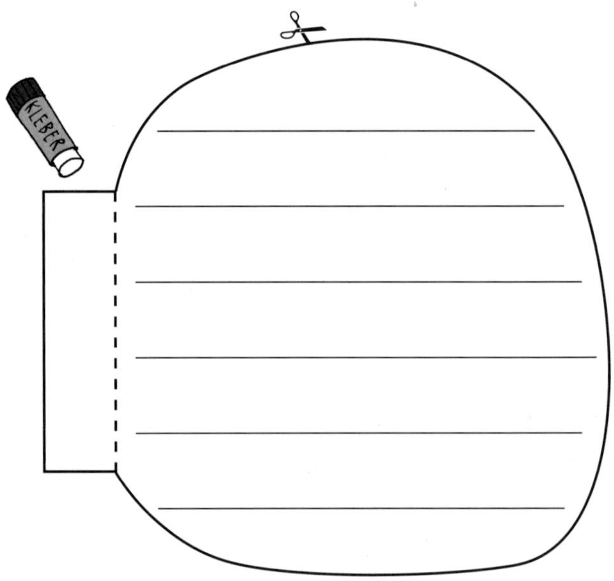

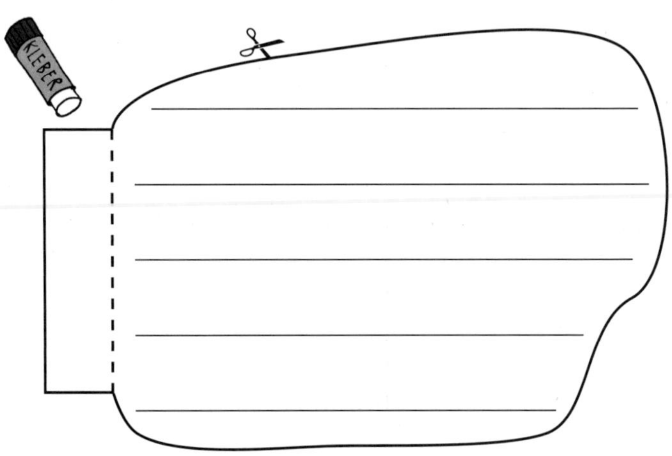

Was hast du über das Tier herausgefunden?
Schreibe es auf.

Nimm dir so viele Schreiblinien, wie du brauchst.
Klebe alles zu einem Büchlein zusammen.

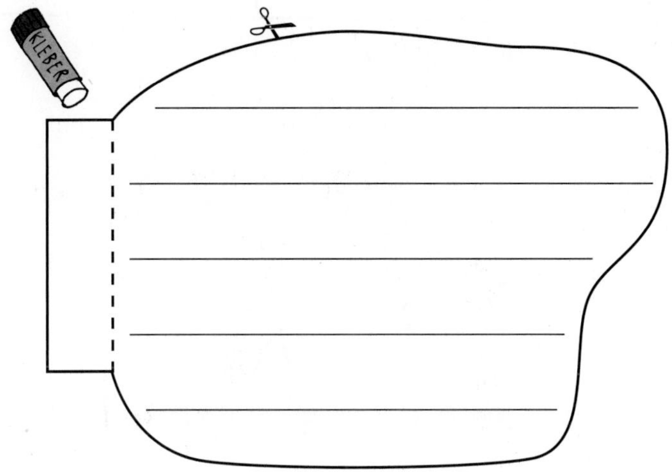

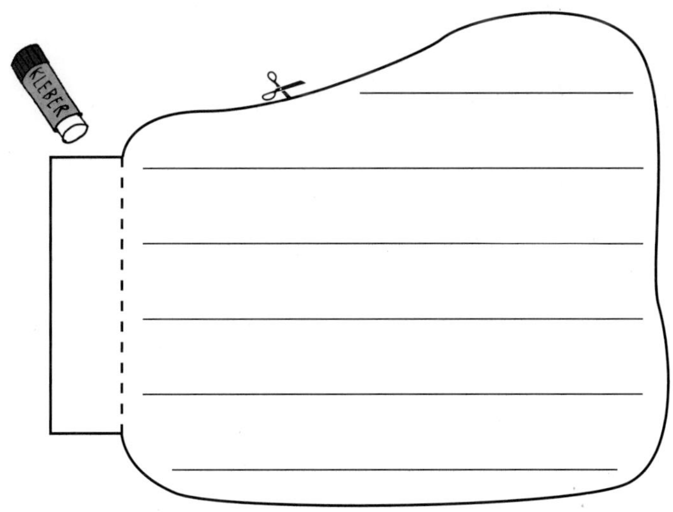

Was hast du über den Beruf des Tierpflegers oder der Tierpflegerin herausgefunden? Schreibe es auf.

Nimm dir so viele Schreiblinien, wie du brauchst. Klebe alles zu einem Büchlein zusammen.

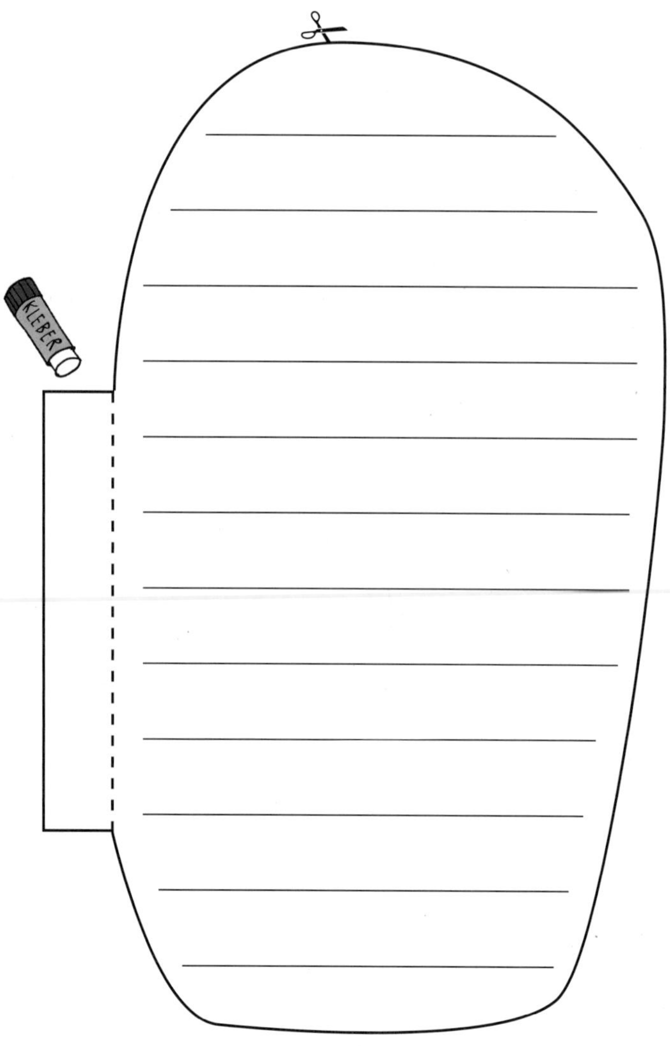

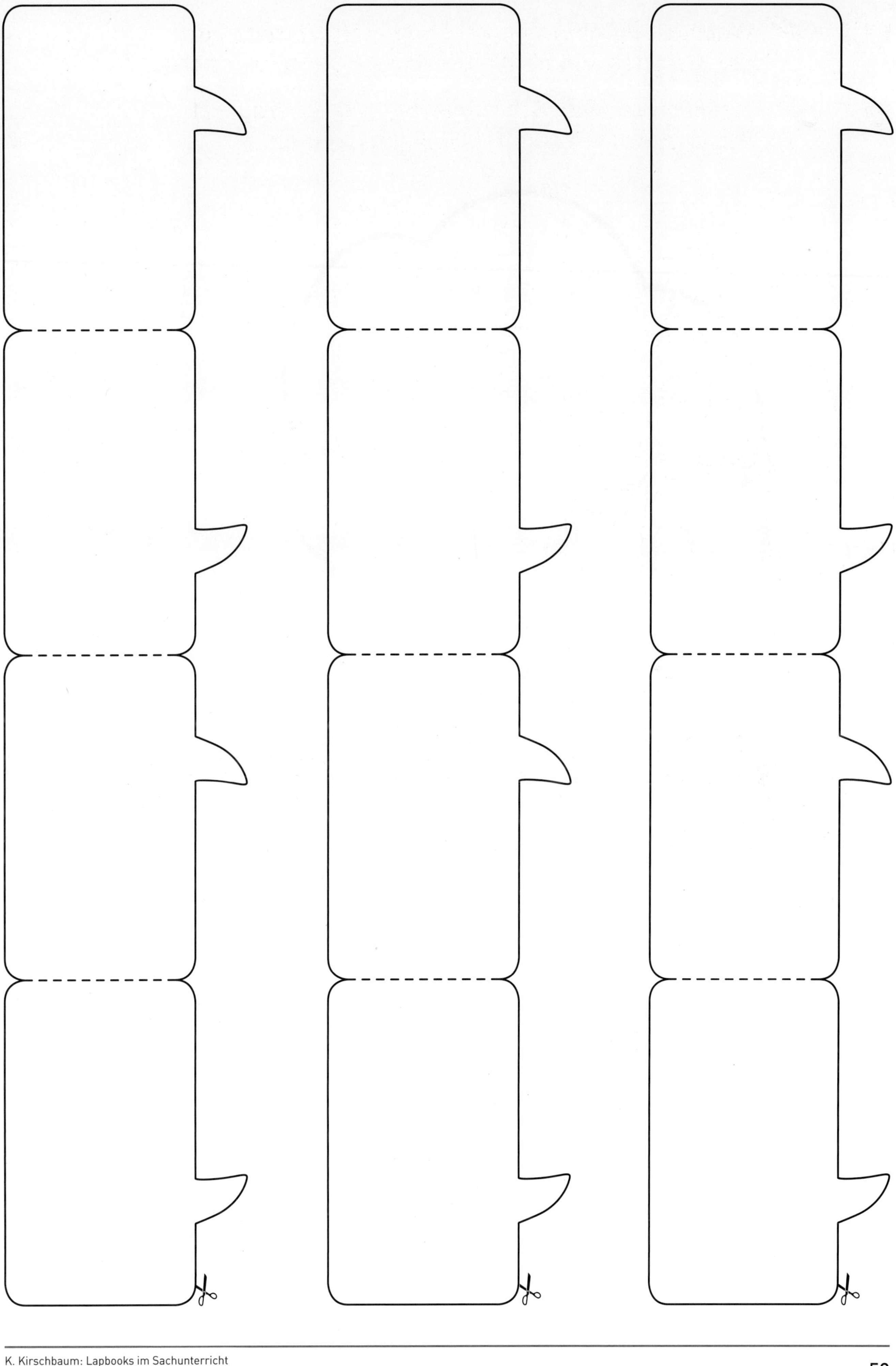

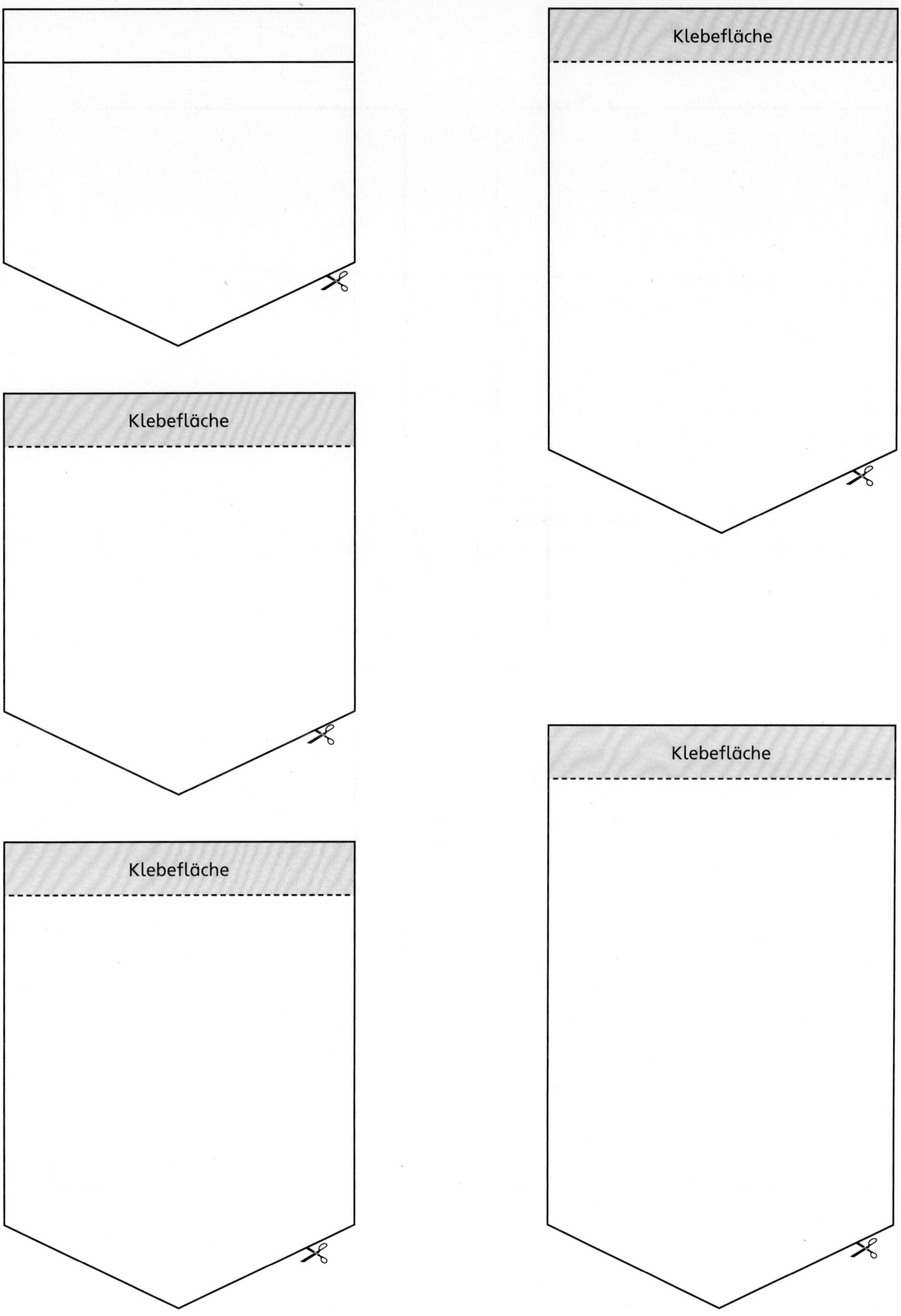
Klebefläche
Klebefläche
Klebefläche
Klebefläche

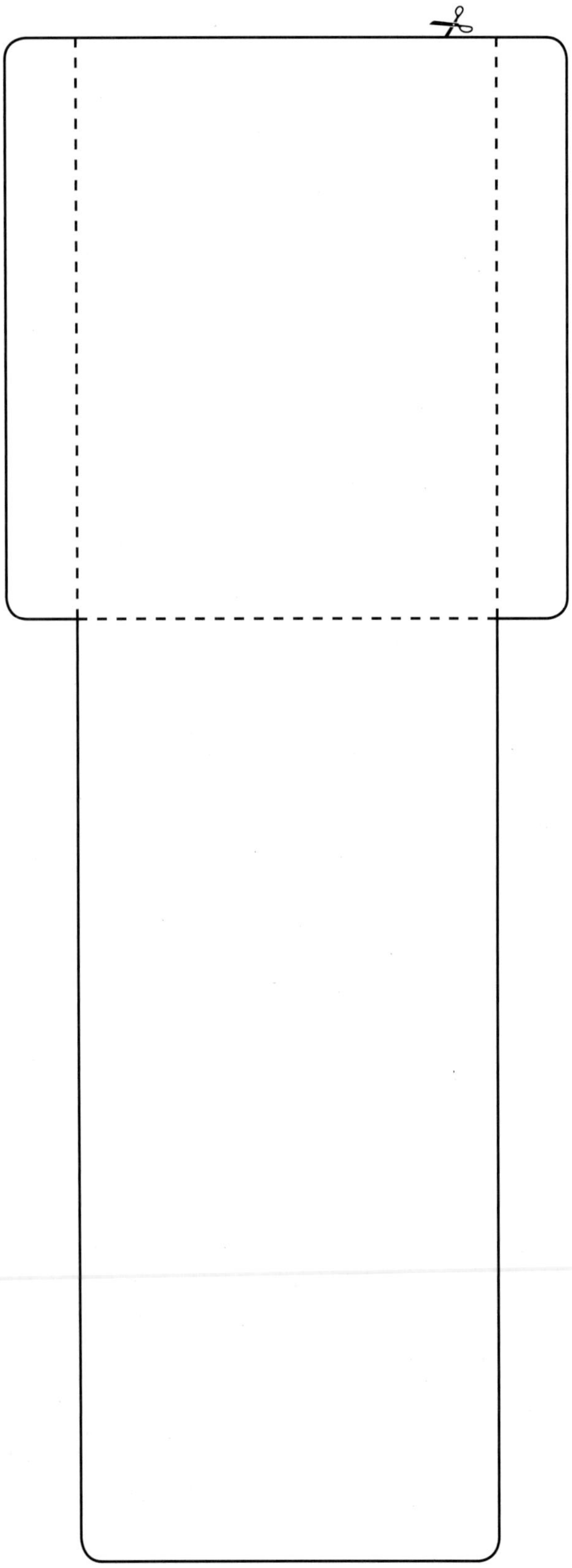

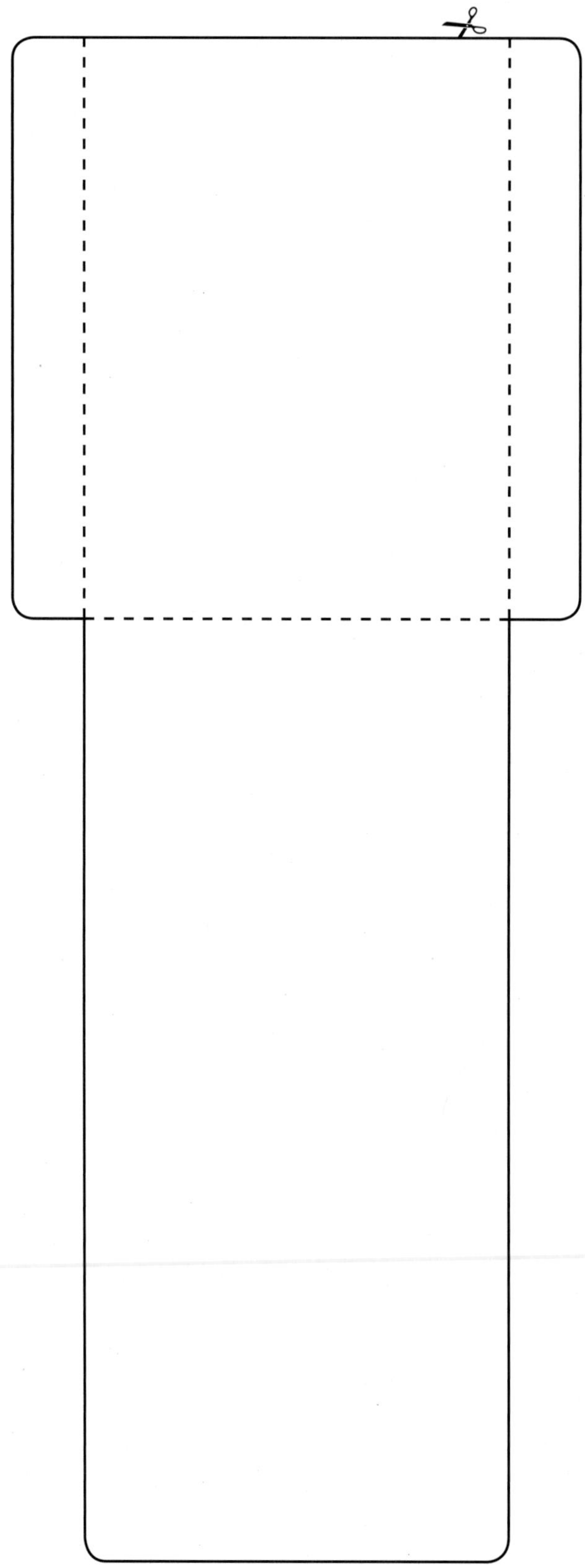

Name: ______________________ Klasse: __________ Datum: ______________

Wir erstellen ein Lapbook zu einem selbst gewählten Thema

	3 Punkte	2 Punkte	1 Punkt	0 Punkte
1. Inhalt des Lapbooks				
Du kennst dich mit dem Thema gut aus.				
Du stellst die Sachverhalte richtig dar.				
Du verwendest Fachbegriffe.				
Die anderen Kinder lernen etwas durch dein Lapbook.				
2. Gestaltung des Lapbooks				
Dein Lapbook macht neugierig.				
Du hast sauber geschnitten, geschrieben und geklebt.				
Dein Lapbook ist gut gegliedert.				
3. Präsentation des Lapbooks				
Deine Präsentation ist anschaulich.				
Du hast laut und deutlich gesprochen.				
Gesamtergebnis				

Male die erledigten Aufgaben an.

Die Jahreszeiten

Lesekarten

Jahreszeitenbaum

Jahreszeiten-gedicht

Kalender

Was ist typisch?

Das mag ich am …

Was ich mir merken will

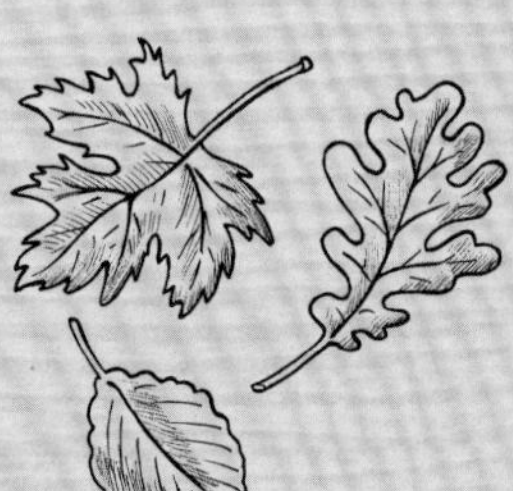

Male die erledigten Aufgaben an.

Male die erledigten Aufgaben an.

Der Igel

Lesekarte

Körperbau

Das Igeljahr

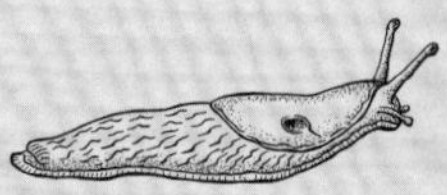

Nahrung

Im Winter

Gefahren

Rund um den Igel

Was ich noch über den Igel herausgefunden habe

Was ich mir merken will

Male die erledigten Aufgaben an.

Male die erledigten Aufgaben an.

Trage auch ein, zu welchen Tieren du ein Minibuch gemacht hast.

Male die erledigten Aufgaben an.

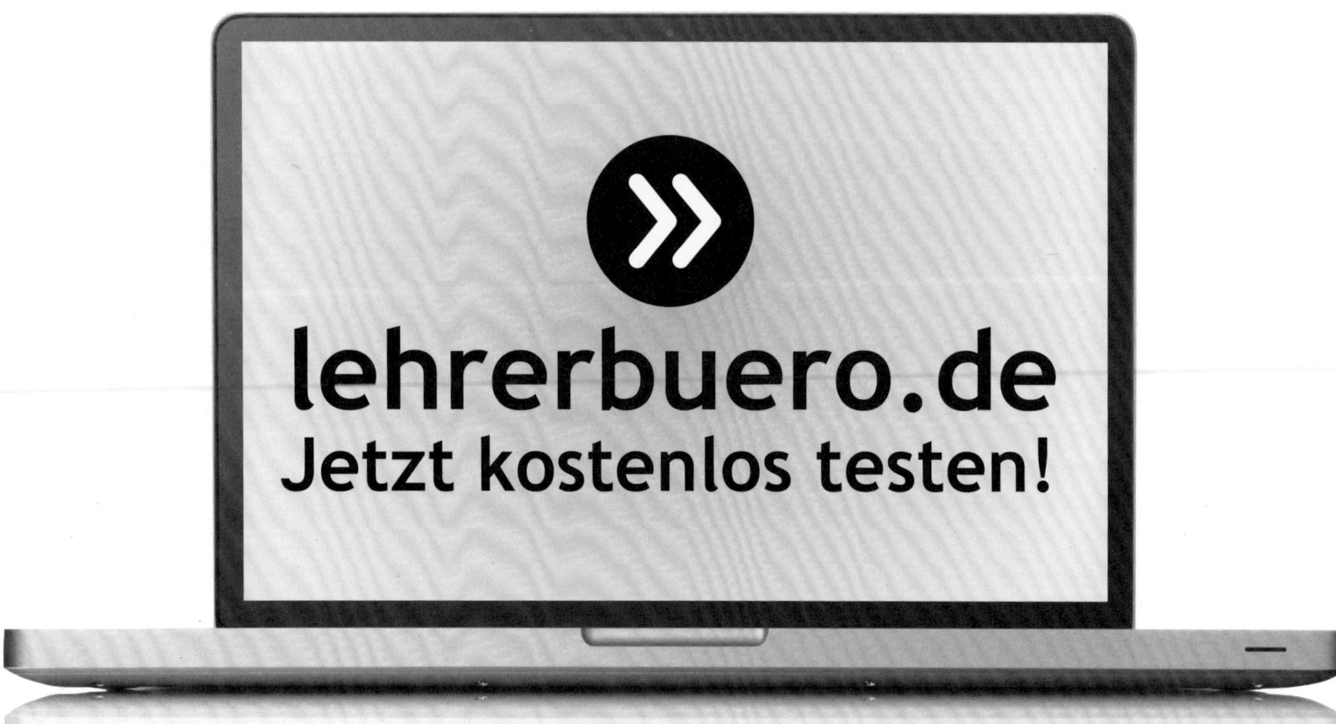
lehrerbuero.de
Jetzt kostenlos testen!